犯罪者プロファイリング研究

●住居対象侵入窃盗事件の分析

萩野谷俊平 著　Shumpei Haginoya

北大路書房

はしがき

　今日，犯罪心理学は魅力的なトピックとして注目され，数多くの書籍が出版されています。書店で心理学の関連書籍が置かれた場所へ行くと，かなりの高確率で犯罪心理学に関する書籍を見つけることができるでしょう。その一方で，犯罪者プロファイリングに関する国内の書籍はといえば，実は非常に少ないのが現状です。そうした状況において，本書は，著者の研究を中心に最近の犯罪者プロファイリングに関する国内外の研究をまとめた資料として，この分野に関心がある幅広い読者の参考にしていただけるものとなっています。

　タイトルのとおり，本書の第一の特徴は，窃盗犯罪に関する実証的な研究がまとめられていることです。窃盗は，他の犯罪に比べて認知件数が多く，捜査支援技術の向上に対する実務的なニーズも大きい犯罪です。それにもかかわらず，窃盗に関する学術研究は，特に犯罪捜査の視点から行われたものが少ない状況にあります。本書では，窃盗の中でも比較的研究知見の多い住居を対象とする侵入窃盗に焦点を当て，最新の研究について記述しており，特に窃盗犯罪の実証研究に関心がある研究者には，ぜひ読んでいただきたい内容となっています。

　本書は，全体を通じて現場への応用を強く意識しながら執筆されており，この点がもう1つの特徴となっています。本書の中心となる著者の研究も，犯罪者プロファイリングの実用性を高めることを目指したものです。また，第3章では，著者の研究成果をもとに開発した捜査支援プログラムについても記述しています。したがって，本書で述べる成果については，現場で捜査活動や捜査支援の実務に携わる読者にもご一読いただき，ご意見，ご

指摘をいただきたいと考えています。

　本書の内容は，犯罪者プロファイリングに関心をもつ一般の読者へ向けても，現状を理解する助けになることを期待しています。本書の第1章では，犯罪者プロファイリングの起源から最近の研究までを，理論的な背景に触れながら丁寧に説明することを意識して執筆しました。そのため，これらの内容からは，職人芸的な技術から実証データに基づく客観的な技術への変遷を概観することができるでしょう。また，本書で述べた近年の研究知見の解説は，これまでに各国の研究者が行ってきた，プロファイリング技術の客観性を高めるための取り組みがどこまで進んでいるのかを理解する上でも，役に立つと思います。

　最後に，本書については，筆者の未熟さから分かりにくい点や不十分な点があるかもしれません。ぜひ，忌憚のないご批判，ご指摘をいただければ幸いです。

　　　　　2015年　アメリカ犯罪学会での発表を終え帰国途中の機内から
　　　　　　　　　　　　　　　　　　　萩野谷　俊平

目　次

はしがき　i

序　章 …………………………………………………………………… 1

第1章　犯罪者プロファイリング研究の概要と課題 ………………… 5

第1節　犯罪者プロファイリングの歴史　5

第1項　犯罪者プロファイリングの起源　5
第2項　初期の犯罪者プロファイリング　6

第2節　分析手法の概要と理論的背景　12

第1項　事件リンク分析　13
第2項　犯人像推定　17
第3項　地理的プロファイリング　21

第3節　窃盗事件に対する犯罪者プロファイリング　24

第1項　窃盗事件に対する犯罪者プロファイリング研究の重要性　24
第2項　事件リンク分析　25
第3項　犯人像推定　28
第4項　地理的プロファイリング　30

第4節　第1章のまとめ　33

第2章　実証的研究 …………………………………………………… 37
　第1節　事件リンク分析の交差文化的妥当性（調査研究1）　37
　　　第1項　研究の背景　37
　　　第2項　方法　38
　　　第3項　結果　42
　　　第4項　考察　44
　第2節　犯罪手口による犯人像推定（調査研究2）　49
　　　第1項　研究の背景　49
　　　第2項　方法　49
　　　第3項　結果　55
　　　第4項　考察　58
　第3節　拠点推定モデルの実用性向上に関する研究（調査研究3）　66
　　　第1項　研究の背景　66
　　　第2項　方法　66
　　　第3項　結果　71
　　　第4項　考察　78
　第4節　第2章のまとめ　86

第3章　研究成果の実装：居住地推定支援プログラム（ORPP）
　　　　の開発 ………………………………………………………… 89
　第1節　ORPPの概要　90
　　　第1項　開発の背景　90
　　　第2項　推定アルゴリズム　91
　　　第3項　プログラムの開発　100
　第2節　ORPPによる居住地推定の妥当性（調査研究4）　102
　　　第1項　目的　102
　　　第2項　方法　102
　　　第3項　結果と考察　103
　第3節　第3章のまとめ　107

目　次

第4章　総括と展望 …………………………………………… 109
　第1節　本論文の総括　109
　第2節　犯罪者プロファイリングの心理学による理解　111
　第3節　今後の課題と展望　115
　第4節　捜査支援のさらなる発展を目指して　123

補　章　研究に使用した統計手法の解説 ………………………… 127

　文　献　137
　索　引　149
　謝　辞　153

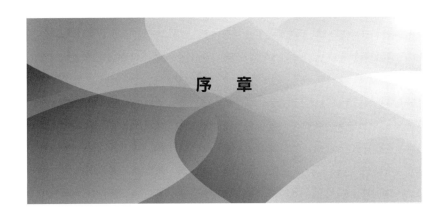

序　章

　一般的に犯罪は,「それを禁じたり命じたりしている法律に違反することによる有罪に対して一定の刑罰が課せられる行為または過失（Bartol & Bartol, 2005 羽生監訳 横井・田口編訳 2006, p 1 ）」と定義される。犯罪を対象とする研究は，Cesare Lombroso の「生来的犯罪者説」をはじめとする犯罪者と身体・精神的特徴との関連を検討した生物・遺伝学的な研究や，Émile Durkheim の「アノミー論」に端を発する社会構造や社会規範などの社会的要因に焦点を当てて犯罪者を論じた社会学的な研究を起源として，現在では，生物学，社会学，人類学，精神医学，心理学などの様々な学問が関与する学際的な領域となっている。

　なかでも，犯罪を研究対象とする心理学は犯罪心理学と呼ばれ，犯罪学や法科学といった分野の一部として位置づけられる学問である（Figure 1 ）。犯罪学は，主に犯罪を誘発する問題に焦点を当てながら，犯罪の統制にも着目する分野である（Brantingham & Brantingham, 1984）。法科学は，法工学，法医学，法病理学などを含む法的原理と事例に関する問題，出来事，証拠の科学的研究分野である（Bartol & Bartol, 2005 羽生監訳 横井・田口編訳 2006, p 2 ）。したがってこれらの分野にまたがる犯罪心理

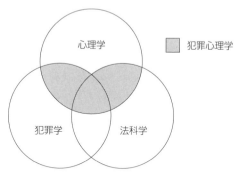

Figure 1. 犯罪心理学の位置づけ

学は，犯罪学に含まれる犯罪行動の発生と抑止，さらには法科学に含まれる犯罪捜査や裁判といった法執行に関する心理学的研究をも含む領域である（高橋・渡邉，2005）。

　犯罪心理学において，法執行に関する心理学的研究には，目撃証言，捜査面接，ポリグラフ検査，犯罪者プロファイリングなどがある。なかでも犯罪者プロファイリングは，他に比べて比較的新しい研究分野であり，近年，各国で実証的な研究成果の報告が活発に行われている。犯罪者プロファイリングとは，行動科学的な視点から犯罪行動の説明や犯罪情報の分析を行い，犯罪捜査に活用できる情報を提供しようとする手法である（渡邉，2006）。この分野は，歴史の初期から精神医学や心理学，統計学といった様々な分野の知識が広く取り入れられることで，経験則に基づく職人芸的な手法から，検証可能で再現性のある手法への移行が急速に進められている。

　日本では，1994年に警察庁の布置機関である科学警察研究所によって正式に犯罪者プロファイリングの研究が開始されて以来，各種犯罪の基礎的な研究を通して，日本の犯罪捜査に適した犯罪者プロファイリングが模索されてきた。近年では，蓄積された研究と実務における成果を背景とし

て，事件リンク分析，犯人像推定，地理的プロファイリングという3つの手法を主体とした標準的な分析手法の確立が進められている。

　事件リンク分析とは，分析対象となる複数の事件の中で同一の犯人によると考えられる事件を抽出する手法であり，この分析で抽出された事件が，犯人像推定および地理的プロファイリングの分析対象となる。犯人像推定では，犯人の現場での行動特徴などから可能性の高い犯人属性（たとえば，年齢，性別，職業，犯罪経歴）を推定する。地理的プロファイリングでは，各事件現場の地理的情報から，犯人の活動拠点や次回犯行地などに関する分析が行われる。

　これらの標準的な手続きで都道府県警察が実施した犯罪者プロファイリングについては，分析を依頼したことがある警察官を対象として実際的な効用の調査も行われており，分析者が提供した分析結果について，おおむね肯定的な評価が得られている（小野・倉石・横田・和智・大塚・渡邉，2013）。

　犯罪者プロファイリングは，犯罪捜査の支援を目的とした分析技法であることから，その始まりから活発に実務場面での応用を見据えた研究開発が行われてきた分野でもある。この分野に関わる研究者や実務家（またはそれらを兼ねた人々）は，犯罪の類型化について標準的な方法を提供する「*Crime Classification Manual*」（Douglas, Burgess, Burgess, & Ressler, 2006）や，凶悪犯罪者に関する事件リンク分析を支援する「Violent Criminal Apprehension Program: ViCAP」（Howlett, Hanfland, & Ressler, 1986: アメリカ）および「Violent Crime Linkage Analysis System: ViCLAS」（Wilson & Bruer, 2014: カナダ），被疑者の居住地推定を支援する「Rigel」（Rossmo, 2000 渡辺監訳 2002: カナダ）および「Dragnet」（Canter, Coffey, Huntley, & Missen, 2000: イギリス）など，様々なアプローチで科学的な知見の現場での活用を試みている。

近年の実証的な研究に基づく犯罪者プロファイリングは，分析に利用できるデータの豊富さや応用機会の観点から，発生頻度や過去の事件データの蓄積が多く，1人の犯人が連続犯行に及ぶケースの多い犯罪ほど効果を発揮すると考えられる。また，こうした傾向が特に顕著な犯罪として，住居を対象とする侵入窃盗事件があげられるが，窃盗事件に関する犯罪者プロファイリング研究は他の罪種（殺人，性犯罪）に対して比較的後発の分野であり，窃盗を対象に犯罪捜査の観点から行われた研究は非常に少ない。したがって，窃盗に関する知見を蓄積し，捜査支援活動の現場に提供していくことが，犯罪捜査への貢献を使命とする犯罪者プロファイリング研究において重要な課題といえる。

　本論文は，以上の経緯をふまえ，現在の実証的な手法を中心とする犯罪者プロファイリングについて，住居対象侵入窃盗犯を対象とした4つの調査研究，および研究成果を実装した事例を通して，犯罪者プロファイリングの実用性の向上および実用可能な推定規則の構築に結びつけるための方策について総合的に考察するものである。

　第1章では，犯罪者プロファイリングの歴史について概観した後，近年研究が盛んに行われている，事件リンク分析，犯人像推定，地理的プロファイリングの各分析手法の概要と理論的な背景について紹介する。また，本論文が研究の対象とする住居対象侵入窃盗事件について，各分析手法の応用と実用性の向上に向けた課題について述べる。第2章では，3つの調査研究により，各分析手法について見出した課題の克服を検討し，今後取り組むべき課題について考察する。続く第3章では，第2章で述べた調査研究のうち，もっとも応用が期待できる成果に基づいて開発した捜査支援ツールの概要を紹介し，調査研究4として新規データを用いたツールの検証を行う。最後に第4章では，本論文を総括し，今後の犯罪者プロファイリング研究の展望について述べる。

第1章
犯罪者プロファイリング研究の概要と課題

第1節　犯罪者プロファイリングの歴史

第1項　犯罪者プロファイリングの起源

　犯罪者プロファイリングの起源には，1940年代から1980年代の間に法医学，法病理学，精神医学などの専門家が行った，犯罪者や敵国首脳に関するパーソナリティの推定を取り上げることが多い（岩見，2006a; Jackson & Bekerian, 1997 田村監訳　辻・岩見訳編　2000; Rossmo, 2000 渡辺監訳 2002）。これらの分析の特徴として，専門知識に基づく直感や洞察によって，主として分析対象のパーソナリティ，職業，動機，精神状態といった項目を推定することがあげられるが，なかには，複数の事件に関する犯人の同一性，行動予測，さらには身体的特徴や服装などの個人に関する非常に詳細な情報まで，多岐にわたる推論を展開した事例もある（Table 1）。これらの業績によって犯罪者プロファイリングは広く認知されることとな

Table 1. 犯罪者プロファイリングの原型とされる事例

分析対象	分析時期	分析者	推定内容
切り裂きジャック（殺人事件）	1888年	法医学者 法病理学者	身体的特徴, 健康状態, 職業, 収入, 習慣, 動機, 性嗜好異常, 精神状態
マッド・ボンバー（連続爆破事件）	1956年	精神科医	人格, 属性, 身体的特徴, 服装
ボストン絞殺魔（殺人事件）	1960年代前半	精神科医 人類学者等	13件の事件に関する犯人の同一性
アドルフ・ヒトラー（ドイツ国首相）	1940年代	精神科医	人格, 精神状態, 行動予測

Note. 岩見（2006a），Rossmo（2000 渡辺監訳 2002），Jackson & Bekerian（1997 田村監訳 辻・岩見訳編 2000）の記述に基づいて作成

り，その後のFBIによる系統的な研究へと繋がっていく。

第2項　初期の犯罪者プロファイリング

　犯罪者プロファイリングの初期に行われた研究は，FBI◆1による系統的な研究と，英国のDavid Canter◆2を中心に行われた研究に大別される。両者はいずれも犯人像の分析を主なテーマとしているが，分析の背景となる知見や手法は大きく異なっている。

FBIによる系統的な研究

　1960年代に，犯罪学者，法医学者，精神科医のもとで学んだHaward Tetenは，アメリカのFBIナショナル・アカデミーに応用犯罪学のコースを開設し，これが行動科学課となって犯罪者プロファイリングに関する

◆1　連邦捜査局（Federal Bureau of Investigation）。アメリカ合衆国の主要な法執行機関の1つ。
◆2　イギリスの心理学者。現在ハダースフィールド大学教授。

組織的な研究を開始した。FBIの犯罪者プロファイリングは，経験豊富な捜査員の洞察と有罪が確定した犯罪者への面接記録を基礎とした，犯行特徴や犯人特徴の類型に基づいており（横井，2002），臨床心理学や精神医学の知識に基づく事例的な分析から，犯人像を推定しようとする（渡辺，2005）。

FBIによる類型として広く知られたものには，秩序型と無秩序型の分類があり，類型ごとに犯行形態や犯人属性の特徴が異なることが示されている（Table 2, 3）。秩序型は，計画的でより被害者を支配する意図が強く示された手口による犯行であり，凶器や死体などの証拠への配慮がみられる。一方で無秩序型は，衝動的で計画性のない犯行であり，証拠への配慮に欠けている。こうした犯行現場から読み取られる犯行形態の特徴から，Table 3に示すような犯人属性が推定結果として得られる。また，この分類を活用すれば，複数の犯行現場の状況から，同一犯による事件の抽出（事件リンク）を行うことも可能である。

前述のとおり，FBIの犯罪者プロファイリングは，基本的に臨床心理学や精神医学を背景とした手法である。したがってFBIの手法が適するのは，犯行現場における被疑者の行動がある種の精神病理を示す，性的動機に基づく殺人や性犯罪，放火などの事件とされている（Jackson & Bekerian, 1997 田村監訳 辻・岩見訳編 2000）。

FBIの犯罪者プロファイリングについては，秩序型・無秩序型という類型が限られたサンプルに基づく妥当性と信頼性を欠いたものであるという批判を受けており（Ainsworth, 2001），連続殺人犯の行動において秩序型・無秩序型の類型を反映する要素の部分集合が見られないことを報告した研究もある（Canter, Alison, Alison, & Wentink, 2004）。また，FBI自身も，犯罪者プロファイリングが科学というよりは芸術であり，伝統的捜査手法に代わるものではないと述べている（渡辺，2005）。一方で，この臨

Table 2. 秩序型と無秩序型の犯行形態

秩序型	無秩序型
計画的な犯行	偶発的な犯行
面識のない被害者を狙う	見知った被害者や現場を狙う
被害者を人間として扱う	被害者を人間として扱わない
被害者との統制された会話	被害者との会話は少ない
犯行現場は全体的に統制されている	犯行現場は乱雑でいい加減である
被害者に服従を要求する	不意に被害者に暴行を加える
拘束具を使用する	拘束具を使用するケースは少ない
殺害前に暴力的行為を行う	殺害後に性的行為を行う
死体を隠蔽する	見える場所に死体を遺留する
凶器や証拠を遺留しない	凶器や証拠はしばしば遺留される
被害者または死体を移動する	死体を殺害現場に残す

Note. FBI (1985) p.19 Table 1 を翻訳

Table 3. 秩序型と無秩序型の犯人属性

秩序型	無秩序型
平均以上の知能	平均未満の知能
社会的能力有り	社会不適応
熟練を要する職業に就いている	非熟練的な職業に就いている
性的能力有り	性的に無能力
兄弟の中では年長者	兄弟の中では年少者
父親が定職に就いている	父親が定職に就いていない
子供時代に一貫しないしつけを受けた	子供時代に厳しいしつけを受けた
犯行中は心理状態をコントロールする	犯行中は不安な心理状態にある
犯行時に飲酒している	犯行時の飲酒は少ない
状況的ストレスに陥る	状況的ストレスは少ない
パートナーと同居している	1人で生活している
整備された自動車を所有し移動性が高い	犯行現場の近くに住居または職場がある
報道内容を確認する	報道への関心が薄い
犯行後に転職や引っ越しをする可能性がある	犯行後に重大な行動変化がある（薬物，アルコール乱用，狂信など）

Note. FBI (1985) p.19 Table 2 を翻訳

床的な手法を用いた犯罪者プロファイリングは，性的犯罪などの特異な事件について犯人の心理的側面を理解する際には有効であり，過去に類似した事件が発生していない新しいタイプの事件に対しても実施できるという

長所があることから（渡邉, 2004），現在の犯罪者プロファイリングにおいても一定の価値が認められている。

David Canter を中心とした研究

1985年に，当時サリー大学に所属していた心理学者のCanter は，ロンドン警視庁からの依頼を受け，1982年から1986年にかけて発生した「鉄道強姦魔」事件と呼ばれる連続強姦殺人事件の分析を行った。この分析では，犯人の行動に関する約100項目について，多変量解析を用いて犯行の構造を見出し，事件リンクと犯行がエスカレートする可能性などについての情報提供を行っている（渡邉, 2004）。Canter は，このとき犯行の構造を要約して表現するために用いたファセット理論（facet theory）◆3を背景として，犯罪者プロファイリングを含めた心理学による包括的な捜査支援手法の開発に取り組むようになった。

Canter による犯罪者プロファイリングは，FBI の手法への批判に基づく，より客観性と再現性を重視したものである（渡邉, 2004）。その特徴として，多変量解析を用いた分析と，犯人の拠点に関する地理的分析があり（岩見, 2000），これらの背景には，犯人の日常生活における行動特性が犯罪行動に反映されるという仮説がある（横井, 2002）。

Louise Guttmann◆4が提案したファセット理論は，質問紙調査に関する「研究計画」，「データ分析」，「理論的根拠・法則の構築」を統合した研究方法論であり，観察される変数を平面上に配置することで，データの内部構造を要約して表現しようとすることが，大きな特徴の1つである。このファセット理論を背景として，多変量解析を用いた分析では，最小空間分析（Smallest Space Analysis: SSA）により複数の犯罪行動を多次元尺度

◆3　facet: 面。特に宝石の切り子面（カット面）などを指す。
◆4　イスラエルの計量心理学者。

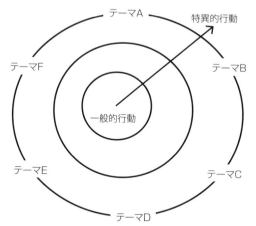

Figure 2. 平面上での犯罪行動の構造と犯行テーマの一般的なモデル（Canter (2000) をもとに作成）

平面上の犯罪行動をグループ化することで，犯罪行動の背景に犯行の中心的なテーマ（犯行テーマ）を見出すことができる。

上に布置することで，犯罪行動の構造を見出そうとする（Canter, Bennell, Alison, & Reddy, 2003; Canter & Heritage, 1990）。

　分析に用いる犯罪行動は，行動の分類に寄与する要因についての仮説をふまえて選択される。多次元尺度上での犯罪行動間の関係性は平面上の距離に置き換えることで視覚化され，分析に使用した犯罪者においてより一般的な行動（出現頻度の高い行動）が中心に，より特異的な行動（出現頻度の低い行動）が周辺に布置される（Figure 2）。また，質的な検討または統計的指標によって近くに布置された複数の犯罪行動をグループ化し，数種類の犯行テーマ（犯罪行動の背景に見出される犯行の中心的なテーマ）に分類することで（犯行テーマ分析），犯人像推定や事件リンク，動機の理解などに活用することができる。

犯行テーマ分析は，これまでに，殺人（Salfati & Bateman, 2005; Salfati & Canter, 1999; Zaitsu, 2010），性犯罪（Almond, Canter, & Salfati, 2006; Canter & Heritage, 1990; Santtila, Junkilla, & Sandnabba, 2005），放火（Hakkanen, Puolakka, & Santtila, 2004; Wachi, Watanabe, Yokota, Suzuki, Hoshino, Sato, & Fujita, 2007; 財津, 2010），窃盗（高村・徳山, 2006），爆破予告（Zaitsu, 2009）など多くの罪種に対して行われており，最小空間分析以外にも類似の統計手法として，多次元尺度構成法（multidimensional scaling: MDS, Hakkanen et al., 2004; Salfati & Canter, 1999; Santtila et al., 2005; Wachi et al., 2007），数量化理論Ⅲ類（高村・徳山, 2006），カテゴリカル主成分分析（Zaitsu, 2009; Zaitsu, 2010; 財津, 2010）などが用いられている。

犯人の居住地に関する地理的分析では，認知地図の概念が手法に利用されている（岩見, 2006b）。認知地図は人間が脳内にもっている地図であり，自らの行動を中心にして様々な環境情報が書き込まれている（乾, 1995）。多くの人は，自宅から職場までの認知地図や，自宅周辺の地域に関する認知地図をもっていると考えられることから，犯罪者も犯行場所の選択において認知地図の影響を受けていると考えられる。

そこで Canter & Larkin（1993）は，連続強姦犯45名について，犯人にとって身近な場所である居住地と犯行場所との地理的な関係を検討し，犯人の生活圏と犯行エリアが地理的に重なる（居住地周辺で犯行に及ぶ）拠点犯行型（marauder type）と，生活圏と犯行エリアが重ならない（居住地から離れた特定の地域で犯行に及ぶ）通勤犯行型（commuter type）という2つの犯行地選択パターンを見出している（Figure 3）。また，Canter & Larkin（1993）は拠点犯行型に関する拠点推定モデルとして，サークル仮説（Circle hypothesis）を提案している。サークル仮説は，同一犯による犯行と推測される一連の犯行地点の中で，もっとも離れた2地点を

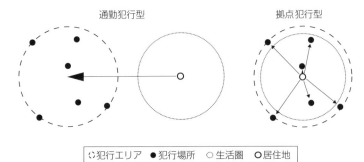

Figure 3. 拠点犯行型と通勤犯行型の犯行地選択パターン (Canter & Larkin (1993) p.65 FIGURE 1 を翻訳)

結ぶ直線を直径とする円を描いたとき，円内にすべての犯行地点と犯人の居住地が存在すると仮定するモデルであり（Canter & Larkin, 1993），Canter & Larkin (1993) の研究では，連続強姦犯の45名中39名（86.7%）においてモデルが成立したことを示している。

第2節 分析手法の概要と理論的背景

　犯人像推定を主なテーマとした初期の犯罪者プロファイリングは，手法の特徴から，FBIによる臨床的な手法を基盤とした臨床的プロファイリングと，Canterが行った多変量解析を主体とする統計的プロファイリングに大別することができる（渡辺，2005）。この分類にしたがえば，現在犯罪者プロファイリング研究の主流となっているのは統計的プロファイリングである。

　近年では，Canterが提案した犯行テーマ分析や拠点犯行型・通勤犯行型に限らず，様々な手法の提案と検証が行われており，それらの研究の多

くは，事件リンク分析，犯人像推定，地理的プロファイリングの３つの手法に焦点を当てている。そこで本節では，これらの手法の概要および背景理論について，近年の研究をもとに詳述する。

第1項　事件リンク分析

　捜査において同一犯による一連の事件を把握すること（事件リンク）は，連続発生している事件の捜査を効率的に行う上で重要である。事件リンクの捜査への利点について，渡辺（2005）は，捜査対象とすべき犯人が１人か複数人かを決定する上で重要なこと，複数の現場の情報を統合できればより多くの手がかりから捜査を進められること，犯行の広域性などに合わせて最適な捜査体制を構築できることをあげている。また，事件リンク分析で同一犯とされた事件の情報をもとに犯人像推定や地理的プロファイリングが行われることから，事件リンクの精度は犯罪者プロファイリングによる分析結果の全体にわたり影響を及ぼす最大の要因といえる。

　犯罪捜査の現場では，もっとも正確な事件リンクの手段としてDNA型や指紋などの法科学的な資料によるリンクが行われるが，有力な法科学的資料がない事件については，目撃証言や発生場所・時期，犯罪手口などを用いて経験的な方法による事件リンクが行われている。

　犯罪者プロファイリングにおける事件リンク分析では，より確実な事件リンクの情報（たとえば法科学的資料）をふまえ，被害者の証言や現場の観察から得られる犯人の行動等に関する情報に基づき，客観的な手続きで事件リンクを行う。このとき，犯人の行動による事件リンク分析の根拠となるのは，犯罪行動の「個人内での一貫性」と「個人間での識別性」であり，Woodhams, Hollin, & Bull（2007）が性格心理学の分野で行った体系的なレビューから，これらの仮定を支持する知見が見出されている。

Woodhams et al. (2007) によれば，人はある程度一貫した行動を示すが，その一貫性は，人の性格特性と状況の相互作用によって生じる「状況の心理的特性」が類似しているときにより高くなる（一貫性）。また，異なる人同士では，同じ状況であっても行動が異なる（識別性）。さらには，行動の一貫性に関連する条件として，行動の種類によっても一貫性の高さが異なること，行動の経験が豊富なほど一貫性が高いこと，より短期間に繰り返される行動ほど一貫性が高いこと，子供時代に比べて大人の方が行動の一貫性が高いことがあげられている。

　こうした仮定を背景として，事件リンク分析では，犯罪行動のとらえ方や，類似した事件群を見出すための統計手法について，様々なアプローチによる研究が行われている。犯罪行動のとらえ方の観点からこれまでに行われた研究では，前述した犯行テーマ分析（犯罪行動の背景に見出される犯行の中心的なテーマ）による方法と，犯罪行動の組合せに基づく方法がある（横田，2005）。

　犯行テーマ分析による事件リンクでは，被疑者の行動特徴を，動機やパーソナリティなどを反映していると考えられる数種類のテーマ（たとえば，道具的，表出的）に分類することで，同一のテーマに該当する事件群をリンクする。たとえばSalfati & Bateman (2005) は，23名の連続殺人犯による69件の事件（1名の犯人につき3件ずつ）について，各事件の犯罪行動（61変数）における道具的テーマ◆5の犯罪行動（13変数）の生起比率と表出的テーマ◆6の犯罪行動（12変数）の生起比率を算出し，「一方のテーマの比率がもう一方のテーマの比率に比べて1.5倍以上である場合に事件を比率の多い側のテーマに分類する」という規則を用いた場合に，64％の事件がいずれかのテーマに分類可能であり，さらに3件すべてをい

◆5　犯行によって金銭や性行為などの何らかの利益を得ようとする行動で構成される。
◆6　感情的，対人トラブルなどから被害者を傷つけることを第一とする行動で構成される。

ずれかのテーマに分類できた7名の被疑者のうち6名（86％）について，3件が一貫して同じテーマに分類されたことを示している。

このように，犯罪行動は，個々のレベルでは犯行ごとに変化しやすいものも含まれるが，犯行テーマという背景要因を共有する行動群としてとらえることで，一貫性の高い要素に基づく事件リンクを実現できる可能性がある。

しかし，犯行テーマ分析による事件リンクには複数の限界がある。たとえば，分類が数種類のテーマに限定されることで，同じテーマに該当する複数の被疑者が行った事件を分析対象とした場合に，異なる被疑者による事件を過度にリンクしてしまう可能性がある。また，同じ犯行テーマの犯人群における一般的な犯行スタイルとして犯罪行動をとらえることで，個々の事件における特徴的な行動を事件リンクに反映できない可能性も考えられる。

犯罪行動（犯罪手口，犯行の地理的・時間的な特徴）の組合せに基づく方法は，犯人の特徴をより反映していると考えられる行動を選択し，それらの一致度に基づく事件リンクを行う方法である。Alison, Goodwill, & Alison（2005）は，犯罪行動において犯罪をうまくこなすために必要な犯罪手口（*modus operandi: MO*）と犯人の動機や個性を反映する署名的行動◆7（signature behaviour）を区別し，犯罪手口は状況依存性が高く，署名的行動は状況依存性が低いと述べている。状況依存性の高い行動の選択には，犯人自身の好みや習癖が反映されにくく，状況依存性の低い行動には，反対に犯人に根差した要素が反映されやすいと考えられる。また，犯罪手口は犯行を繰り返すことによって変容する場合があるが，署名的行

◆7 犯罪の遂行に必ずしも必要ではないが，犯人の動機や欲求に基づいて行われる行為。たとえば，強姦犯が性的興奮を得るために被害者を緊縛する行為や，窃盗犯が侵入した住宅の壁に被害者を侮辱する落書きを残す行為などがあげられる。

動についてはそれほど変容することはないと言われている（横田，2005）。

しかしながら，実際の分析場面では，署名的行動を見出せる事件はそれほど多くはなく，署名的行動と犯罪手口との見極めも困難である（横田，2011）。また，複数の研究において，犯罪手口による事件リンクの有効性が示されている（Santtila, Fritzon, & Tamelander, 2004; Santtila, Korpela, & Häkkänen, 2004; Tonkin, Grant, & Bond, 2008; Woodhams & Toye, 2007）。さらに，渡辺（2005）によれば，法科学的資料，犯行の地理的・時間的な近接性，被害者や目撃者の証言，犯罪手口の類似性などの複数の方法が補完し合うことで，より正確な事件リンクが可能となる。したがって，署名的行動を見出すことが難しい事件においても，客観的な手続きにしたがって事件リンクに有効な犯罪手口のパターンを見出すことができれば，実務の分析に活用できる知見を得られる可能性があるといえる。

また，近年では地理的近接性や時間的近接性による事件リンクを検討した研究が，主に侵入窃盗犯を対象として行われており（Bennell & Canter, 2002; Bennell & Jones, 2005; Markson, Woodhams, & Bond, 2010），犯罪手口との有効性の比較や，犯罪手口と組み合わせた場合に精度が向上する可能性などについて検討されている。地理的・時間的近接性についての詳細は，第3節で述べる。

事件リンク分析に用いられる統計手法には，階層クラスター分析，多次元尺度構成法，ロジスティック回帰分析などがある。実務での利用に関し

Table 4．事件リンク分析における統計手法の長所と短所

	長所	短所
階層クラスター分析	分析が容易	表現できる情報量が少ない
多次元尺度構成法	尺度の水準が低い統計量に対して頑健な分析ができる	布置図が不安定 判定基準を決めにくい
ロジスティック回帰分析	判定基準を決めやすい	3件以上の事件では分析が複雑になる

ては，それぞれの手法に長所と短所があるが（Table 4），近年の事件リンク分析に関する研究では，ロジスティック回帰分析の使用例が多いと言われている（藤田・横田・渡邉・鈴木・和智・大塚・倉石，2011）。

第2項　犯人像推定

犯人像推定は，犯罪捜査の実務に携わる人々に犯罪者の分類や一般的特徴に関する情報を提供することを目的として，犯罪者プロファイリングの歴史初期から盛んに研究が行われている分野であり（Canter & Heritage, 1990; Douglas, Ressler, Burgess, & Hartman, 1986），日本においても多くの基礎的な研究が行われている（高村・徳山，2003，2006；渡邉・田村，1998a，1998b，1999，2001）。犯罪者プロファイリングによって推定された犯人像は，浮上している容疑者リストの優先順位づけや，犯人像と一致する犯罪経歴者の抽出，捜査員による聞き込みや警戒で不審者を発見するための情報などに活用されることが多い。現在の犯罪者プロファイリングによる犯人像推定では，主として過去の類似事件における犯人属性の記述統計的特徴から推定を行う方法や，多変量解析などを用いて見いだされた犯行テーマから犯人属性の推定を行う方法がある。

過去の類似事件の記述統計的特徴を利用する方法では，分析対象事件と犯罪手口や現場の環境などが類似する過去の解決事件を抽出し，それらの事件で検挙された被疑者の年齢，職業，犯罪経歴などに関する記述統計を，推定結果として利用する。記述統計を利用する方法の利点としては，手続きが単純で実施する際に統計学に関する専門知識が不要であること，抽出条件として使用した犯罪手口などの妥当性について事後の検証が容易であることがあげられる。しかし，類似事件の抽出方法を統計的手法によらない場合には，抽出条件を選択する基準は分析者の経験的知識に基づくもの

Table 5．強姦犯の犯行テーマ（n = 66）

犯行テーマ	犯罪行動の構成
親密性（Intimacy）	被害者の反応による行動変化，会話の要求，行為的関与の要求，偽計による接触，被害者を詮索，世辞の言動，謝罪の言動
性愛性（Sexuality）	フェラチオのみ，フェラチオと性的行為，クンニリングス，肛門挿入のみ，肛門挿入と性的行為
暴力性（Violence）	言語的暴力，被害者をコントロールするための暴力，コントロールを目的としない暴力，侮辱的言動
非人間性（Impersonal）	被害者を急襲，衣服を破る，被害者との面識をほのめかす
犯罪性（Criminality）	窃盗，金品の要求，凶器，緊縛，猿ぐつわ，目隠し，変装，通報防止の脅迫，被害者の人定知識（名前，職業など）の入手

Note. Canter & Heritage (1990) をもとに作成

であることが多く，手続きの客観性には限界がある。

　犯行テーマ分析を用いる手法は，Canter を中心とした統計的プロファイリングによる犯人像推定の基本となるものである。犯行テーマ分析に関する研究は多様な犯罪を対象に展開されており（Almond et al., 2006; Canter & Heritage, 1990; Hakkanen et al., 2004; Salfati & Canter, 1999; 高村・徳山, 2006; Zaitsu, 2009），たとえば Canter & Heritage（1990）は，27名の犯人による66件の強姦事件に最小空間分析を適用し，5つの犯行テーマ（親密性，性愛性，暴力性，非人間性，犯罪性）を見出している（Table 5）。

　犯行テーマによる犯人像推定では，まず，一連の行動のまとまりとして見えてくる犯行スタイルとして犯人の行動をとらえることで犯行テーマを見出し，分析対象事件をいずれかのテーマに分類する。犯行テーマへ分類する際は，最初に各テーマに属する行動のうち事件で観測された行動の度数（または比率）を算出するが，その後の分類基準には複数の方法が提案されており（Häkkänen, Puolakka, & Santtila, 2004; Salfati & Bateman, 2005; Salfati & Canter, 1999），なかでも前項の事件リンク分析の概要でも

Table 6. 犯行テーマへの分類基準

	事件を割り当てる犯行テーマの基準
Salfati & Canter (1999)	観測された行動の度数が他の犯行テーマにおいて観測された行動の度数の合計よりも多い
Häkkänen et al. (2004)	観測された行動の比率が最大である（3つ以上のテーマの行動が観測された場合）
	観測された行動の比率が他方のテーマに比べて2.0倍以上の比率である（2つのテーマのみ行動が観測された場合）
Salfati & Bateman (2005): Strategy 1	観測された行動の比率が最大である
Salfati & Bateman (2005): Strategy 2	観測された行動の比率が最大であり，かつ他のテーマに比べて1.5倍以上の比率である
Salfati & Bateman (2005): Strategy 3	観測された行動の比率が最大であり，かつ他のテーマに比べて2.0倍以上の比率である

Note. 下線部は，他の手法との相違点である。

取り上げた Salfati & Bateman (2005) による研究では，23名による69件の殺人事件について3つの基準（Table 6）による分類結果を比較し，Strategy 2がもっとも分類に適した基準であることを示している。

犯行テーマ分析から犯人属性を推定するためには，分類された犯行テーマとの関連度の高い犯人属性を見出す必要がある。しかし，この問題について実施された近年の研究では，放火（Canter & Fritzon, 1998; Doan & Snook, 2008; Häkkänen et al., 2004），および強盗（Doan & Snook, 2008; Woodhams & Toye, 2007）について，犯行テーマ間で犯人属性との関連度に明確な違いが見られないことが示されており，現状では犯行テーマに対応して犯人属性を分類できることは非常にまれであると言わざるをえない（岩見，2006b）。

上記のような犯行テーマと犯人属性との関連性に基づく犯人像推定は，「類似した特性をもつ犯人達ほど，犯罪行動も類似している」という相同仮説（homology assumption）を基底条件としている。しかし，この犯行

テーマ分析に基づく犯人像推定については，近年 Mokros & Alison（2002）によって仮説を否定する知見が提示されている。Mokros & Alison（2002）は，92名の強姦犯について，犯罪行動による最小空間分析で得られた3次元のマップに各犯人の事件をプロットし，事件間の犯罪行動の類似性をマップ上のユークリッド距離に置き換えて，年齢，社会人口学的特性（職業，学歴，居住形態など），および犯罪経歴（窃盗，強姦，薬物など）といった犯人属性との相関関係を，Spearman の順位相関係数を用いて検討した。その結果，事件間の犯罪行動の類似性はいずれの犯人属性とも相関関係はみられず（年齢：$r_s = -.01$，社会人口学的特性：$r_s = -.10$，犯罪経歴：$r_s = -.06$），相同仮説を支持する結果ではなかったと述べている。

　Mokros & Alison（2002）の研究は，「犯人属性が全体的に類似している犯人達ほど，犯罪行動の全体的な類似性が高い」という高い次元の相同仮説を否定するものであり，犯行テーマ分析による犯人属性の推定が困難であることを示した知見と考えられる。しかし，この知見は「個々の犯人属性と犯罪行動の間になんらかの相関関係がある」という低い次元の相同仮説を否定するものではない。彼ら自身も指摘しているように，Mokros & Alison（2002）が用いた手法では，犯人属性との関連度の低い行動が，関連度の高い行動と犯人属性との関連を覆い隠してしまう可能性がある。このことは，同時に，犯罪行動の中で犯人属性との関連度の高い行動が比較的少数である可能性を示しているとも考えられる。加えて，前述の記述統計による方法と犯行テーマ分析による方法の限界を考慮すれば，より精度の高い犯人属性の推定を実現するためには，客観的な手法で個々の犯人属性と関連度の高い犯罪行動を選択し，それらの行動から直接犯人属性を予測するモデルを構築することが望ましい。

　実際に個々の犯人属性と関連度の高い犯罪行動を選択して予測モデルを構築した例としては，Fujita, Watanabe, Yokota, Kuraishi, Suzuki, Wachi,

& Otsuka（2013）や Yokota, Fujita, Watanabe, Yoshimoto, & Wachi（2007）による研究があげられる。たとえば Fujita et al.（2013）は，839件の殺人事件について，犯行形態，現場環境，被害者属性などを説明変数として，7つの犯人属性（性別，年齢，面識，犯罪経歴，単独犯，組織犯罪，県外居住）の予測をロジスティック回帰分析と ROC 分析を用いて検討している◆8。その結果，すべての犯人属性について中程度以上の予測精度（AUC◆9 = 0.70〜0.87）が得られており，多変量モデルによる犯人像推定の有効性を示している。

第3項　地理的プロファイリング

近年，地理的プロファイリングに関する実証的な研究の多くは，犯人の活動拠点（住居，職場等）がどこにあるのかを推定する手法（拠点推定モデル）に焦点を当てており，特に欧米と日本との間で，異なる発展形態を見せている。

近年，欧州や北米の研究者を中心に提案された拠点推定モデルについては，Snook, Zito, Bennell, & Taylor（2005）による空間分布法（spatial distribution strategies）と確率距離法（probability distance strategies）◆10 の2分類が，比較的多くの研究者に受け入れられている（Kent & Leitner,

---

◆8　分析手法の詳細は補章を参照。
◆9　ROC 分析で作図される ROC 曲線下の面積（AUC：area under the ROC curve）。Swets（1988）は，AUC の評価基準として0.50〜0.70を低いレベル，0.70〜0.90を中程度のレベル，0.90〜1.00を高いレベルとしている。
◆10　確率距離法に分類される拠点推定モデルについては，algorithm-based methods（Paulsen, 2006b），spatial interaction models（Leitner & Kent, 2009）といった呼称が用いられることがあるが，著者が検索した範囲では probability distance strategies（確率距離法）の呼称を引用した研究が比較的多かったことから（Kent & Leitner, 2007; O'Leary, 2009, 2010; Paulsen, 2006a; Wilson & Maxwell, 2007），本論文においても確率距離法を主な呼称として引用した。

2007; O'Leary, 2009, 2010; Paulsen, 2006a; Wilson & Maxwell, 2007)。

空間分布法は，犯行地点の空間分布の中心となる地点（セントログラフィ：centrography）を算出し，犯人の拠点がある可能性の高い地点を定めるモデルの総称である。空間分布法に分類される拠点推定モデルには，サークル仮説の中心（Snook et al., 2005），地理的重心モデル（Center of minimum distance: Kind, 1981），犯行地点座標の代表値（算術平均（空間平均：Spatial mean, centroid），調和平均，幾何平均，中央値：Snook et al., 2005）がある。

確率距離法は，犯人が拠点から離れるほど犯行頻度が減衰する現象（距離減衰）を応用したモデルの総称である。確率距離法に分類される拠点推定モデルには，主に犯行行程法（Journey-to-crime methods: Levine, 2014），MID（Mean Interpoint Distance: Canter et al., 2000），Q-range（Canter et al., 2000），CGT（Criminal Geographic Targeting: Rossmo, 2000）がある。これらのモデルでは，対象領域をメッシュに分割し，犯行地点からの距離減衰に基づいて，各セルに拠点が存在する確率を計算した確率分布図を作成する。この手続きをすべての犯行地点に対して行い，作成した全犯行地点の拠点確率分布を重ね合わせる（合計する）ことで，合成確率分布図を作成する。

日本では，Canter & Larkin（1993）が提唱したサークル仮説を日本の犯罪データで検証した研究（羽生，2006; 田村・鈴木，1997）に加えて，疑惑領域モデルと呼ばれる日本独自の手法が提案されている（三本・深田，1999）。

サークル仮説（Circle hypothesis: Canter & Gregory, 1994; Canter & Larkin, 1993）は，認知地図の概念を応用して，犯人の生活圏と犯行エリアが地理的に重なることを前提としたモデルであり，同一犯によるすべての犯行地点の中で，もっとも離れた2地点を結ぶ直線を直径とする円を描

いたとき，円内にすべての犯行地点と犯人の居住地が存在すると仮定する。円内に居住する犯人は拠点犯行型，円外に居住する犯人は通勤犯行型と呼ばれ，各国で様々な罪種について拠点犯行型と通勤犯行型の比率が示されている（Block & Bernasco, 2009; Edwards & Grace, 2007; Kocsis & Irwin, 1997; Kocsis, Irwin, & Allen, 2002; Lundrigan & Canter, 2001; Laukkanen & Santtila, 2006; Laukkanen, Santtila, Jern, & Sandnabba, 2008; Meaney, 2004; Paulsen, 2007; Tonkin, Woodhams, Bond, & Loe, 2010; Warren, Reboussin, Hazelwood, Cummings, Gibbs, & Trumbetta, 1998）。

疑惑領域モデルは，各犯行地点までの距離の合計が最小となる地点（重心）に犯人の居住地が存在すると仮定する地理的重心モデル（Kind, 1981）を応用して，重心を中心とする「ある一定の領域」によって拠点を推定することを提案したモデルである（三本・深田, 1999）。三本・深田（1999）によれば，連続放火犯（14名）のデータで地理的重心モデルを検討したところ，「重心＝拠点」となる傾向は認められなかったものの，重心－住居間距離が重心－犯行地点間距離に比べて短い傾向が示された。そこで三本・深田（1999）は，重心を中心，重心と各犯行地点との平均距離を半径とした円形の領域を「疑惑領域」と命名し，その領域内に犯人の居住地が存在する可能性が高いと仮定している。

サークル仮説と疑惑領域モデルは，空間分布法と同様に犯行地点の空間分布の幾何学的情報を解析して犯人の拠点を推定するが，犯行の地理的分布から形成される幾何学的な領域を犯人の拠点が存在する可能性の高い領域とする点において空間分布法と異なる。残念ながら，過去にこれらのモデルの総称は提案されていないことから，本論文では便宜的に，「幾何学領域モデル」を犯行の地理的分布に基づく幾何学的な領域を犯人の拠点推定領域とするモデルの総称として使用することにした。

第3節　窃盗事件に対する犯罪者プロファイリング

第1項　窃盗事件に対する犯罪者プロファイリング研究の重要性

　当初は精神病理を背景とした特異な事件の分析を起源として発展した犯罪者プロファイリングだったが，近年では，罪種を問わず統計的な手法で犯罪者の一般的傾向を見出そうとする研究が広くみられるようになっている。そのため近年の研究は，性的動機による殺人のような発生数の少ない特異な事件よりも，発生頻度や過去の事件データの蓄積が多く，1人の犯人が連続で犯行に及ぶケースが比較的多い罪種（たとえば，性犯罪，放火，窃盗，強盗）を対象とした研究が増加している。

　これらの要素は，いずれも近年の犯罪者プロファイリング研究の傾向を反映したものと考えられる。たとえば，統計的プロファイリングは多様な罪種に対応できる汎用性の高い手法であることから，発生頻度の高い罪種は，同時に応用の機会が多い罪種でもある。過去の事件データが豊富なことは，犯人の分類やモデルの構築を容易にするとともに，同じ罪種の中でも，さらに特定の特徴で絞り込んだ事件に焦点を当てて分析することも可能にする。連続犯行の多さは，個々の犯人の行動に関するデータが豊富であることを示しており，分析精度の向上が期待できる。さらに言えば，これらの要素をもつ事件は，警察が行う犯罪捜査活動において，効率的な捜査による早期の逮捕が望まれる事件と考えられる。

　住居を対象とする侵入窃盗事件は，上記の要素がもっとも顕著な罪種である。警察庁（2014）による平成25年の犯罪統計によれば，住居対象侵入窃盗の認知件数（57,821件）は，殺人（938件），強盗（3,324件），放火

(1,086件),性犯罪[11]（12,238件）といった犯罪に比べて多い。また，検挙率（住居対象侵入窃盗：48.2％）の面では，他の罪種（殺人：101.3％，強盗：67.3％，放火：71.7％，性犯罪：57.6％）に比べてやや低い状態にある（警察庁，2014）。住居対象侵入窃盗事件は，短期間に連続して発生することが多く（Johnson, Bernasco, Bowers, Elffers, Ratcliffe, Rengert, & Townsley, 2007），犯行中に帰宅したり目を覚ましたりした被害者と鉢合わせして事後強盗や強姦などの凶悪事件に発展するケースもあるため，効率的な捜査活動による早期逮捕が必要な犯罪である。

しかし，窃盗事件に関する犯罪者プロファイリング研究は，精神病理性や特異な行動が表れやすい他の罪種（殺人，性犯罪）に対して比較的後発の分野である。また，窃盗を対象とした研究にはこれまでに防犯的な視点によるものが多くあるが，犯罪捜査の観点から行われた研究は，著者が検索した範囲ではほとんどなかった。したがって，窃盗に関する犯罪者プロファイリングの知見を蓄積し，捜査支援活動の現場に提供していく必要がある。そこで，以下では住居対象侵入窃盗事件に焦点を当て，現在の犯罪者プロファイリングを構成する主な分析手法（事件リンク分析，犯人像推定，地理的プロファイリング）について，応用と実用性の向上に向けた課題について述べる。

第2項　事件リンク分析

近年，事件リンク分析に関する研究が多く行われている犯罪として，侵入窃盗事件があげられる。侵入窃盗事件は，前述のとおり殺人や放火といった犯罪に比べて認知件数が多く，特定のエリアで短期間に連続発生す

◆11　強姦，強制わいせつ，公然わいせつの合計。

る傾向があることから（Johnson et al., 2007），事件リンク分析を活用できるケースが多い犯罪といえる。侵入窃盗事件を対象とした事件リンク分析の研究では，これまでに犯罪手口，事件間の地理的近接性および時間的近接性の3つのリンク特徴について，事件リンク分析への有効性が英国の事件データを対象として検討されている（Bennell & Canter, 2002; Bennell & Jones, 2005; Markson et al., 2010）。

　犯罪手口については，Green, Booth, & Biderman（1976）が基礎的な研究を行っており，3名の単独犯による15件（犯人ごとに5件）の犯行について，6つのカテゴリ（侵入口，建物のどちら側から侵入したか，現場の街区内での位置，侵入方法，曜日，目的物の種類と価値）を用いたクラスター分析によって正しくリンクされたことを示している。しかし，Green et al.（1976）では特に手口が異なる犯人を選択して用いているため，実際に犯罪手口でどの程度正しく事件をリンクできるのかは読み取ることができない。

　Bennell & Canter（2002）と Bennell & Jones（2005）は，犯行件数の多い被疑者の影響を除去するために，連続侵入窃盗犯について犯人ごとにランダムに2件ずつの事件データを収集して総当たりの事件の組み合わせを作成し，同一犯による事件のペア（以下，リンクペア）と異なる犯人による事件のペア（以下，非リンクペア）を判別するためロジスティック回帰分析を行っている。それぞれ Bennell & Canter（2002）が1地域（43名），Bennell & Jones（2005）が3地域（108名）を対象として，3つの犯罪手口領域（侵入方法，犯行対象，目的物の種類）および地理的近接性（事件間の直線距離）を説明変数としてリンク特徴ごとに分析を行った結果，複数の地域で犯罪手口について有意なモデルが作成されたものの，いずれの犯罪手口領域も地理的近接性のモデルに比べて予測精度は低く，犯罪手口と地理的近接性を組み合わせたモデルについても，地理的近接性のみのモデ

ルと比べて予測精度は同じかわずかに高い程度であり，顕著な差はなかったことが示されている。

事件間の地理的近接性は，商業施設対象の強盗（Woodhams & Toye, 2007）や自動車盗（Tonkin et al., 2008）について有効なリンク特徴であることが示されており，侵入窃盗においても犯罪手口に比べて高いリンク精度が一貫して示されている（Bennell & Canter, 2002; Bennell & Jones, 2005; Markson et al., 2010）。

事件間の時間的近接性は，Goodwill & Alison（2006）が住居対象侵入窃盗犯の研究で事件リンクへの有効性を見出した特徴である。Markson et al.（2010）は，リンク特徴ごとにペアタイプ（リンクペア，非リンクペア）を判別するロジスティック回帰分析を行い，時間的近接性が地理的近接性と同程度の高い精度であり，地理的近接性と時間的近接性を組み合わせることでモデルの精度が向上することを示している。

日本では，近年侵入窃盗犯の犯罪手口の一貫性や移行性に着目した研究が行われている。横田・渡辺（1998）は，侵入窃盗事件について，犯行回数の増加にともなう犯罪手口の反復性の推移と，反復性の高い犯罪手口の種類を検討し，犯行回数の増加にともなって過去の事件で選択した数種類の中から手口を選択するようになること，犯罪手口の中でも犯行以前に選択されるため状況依存性が低い車両利用や犯行地（都道府県別）などが反復されやすいことを見出している。

また，侵入窃盗累犯者の手口の移行性に関する研究も行われている（倉石・大塚・横田・和智・渡邉，2010；大塚・倉石・横田・和智・渡邉，2010）。たとえば倉石他（2010）は，住居対象侵入窃盗事件で2回以上検挙されたことがある窃盗累犯者について，もっとも新しい検挙事件ともっとも古い検挙事件の犯罪手口を比較した。その結果，新しい検挙事件で手口が移行する場合は古い検挙事件全体で選択された比率のもっとも高い手

口へと移行すること，侵入手段や移動手段，共犯者の有無については手口が移行する割合が低く，一貫性の高いことが指摘されている。同様の傾向は住居以外を対象とする侵入窃盗事件においても示されており（大塚他，2010），これらの研究は，侵入窃盗の手口がより一般的な手口へ移行しやすい可能性を示唆するものといえる。

しかし，日本の侵入窃盗犯における犯罪手口の一貫性に関する研究は十分に行われているとはいえない。また，日本では強姦を対象として犯罪手口による事件リンク分析の研究が行われているが（藤田他，2011），侵入窃盗犯について犯罪手口による事件リンクの有効性を検討した研究はない。さらに，英国の研究（Bennell & Canter, 2002; Bennell & Jones, 2005; Goodwill & Alison, 2006; Markson et al., 2010; Tonkin et al., 2008; Woodhams & Toye, 2007）が事件リンクへの有効性を示している地理的近接性や時間的近接性に関する研究も，日本では行われていない。

したがって，日本の侵入窃盗犯について，犯罪者プロファイリングの知見を応用した事件リンク分析の手法を確立していくためには，まず，英国の先行研究が侵入窃盗犯における有効性を示したリンク特徴（犯罪手口，地理的近接性および時間的近接性）の交差文化的な妥当性を評価する必要があるといえよう。

第3項 犯人像推定

日本における窃盗事件の捜査では，犯罪手口（たとえば，犯行場所，侵入方法，物色方法，目的物）を活用した手口捜査が長年行われており，その一環として，犯人像推定も行われている（窃盗犯捜査研究会，1985）。これは，窃盗犯捜査における犯人像推定の重要性を示しているといえる。また，手口捜査における犯人像推定は捜査員の経験に基づいて行われてい

るため，科学的知見に基づいた犯罪者プロファイリングによる犯人像推定は，従来の手口捜査をより強化し，窃盗事件捜査に寄与するものと考えられる。さらに，手口捜査では同種手口の犯罪経歴者の検索が主な目的となるが，犯罪者プロファイリングの犯人像推定では，現状では十分な知見は得られていないものの，犯人が異なる罪種の犯罪経歴をもつ者である場合にも，研究によってどのような罪種の犯罪経歴者を抽出すべきかといった意思決定の支援が期待できる。加えて，犯罪経歴の有無についても推定モデルを構築することで，犯人が犯罪経歴者でない場合にも，犯人像を推定できる可能性がある。

　侵入窃盗における犯人像推定に関する研究は少ないが，犯人の類型化を目的とした基礎研究として，高村・徳山（2003，2006）による研究があげられる。高村・徳山（2003）は，犯人の動機的側面に着目し，民家対象窃盗犯の犯人属性や犯行形態，取調べに関する項目について金銭動機と性的動機を比較して，動機の違いによって犯人特性が異なることを指摘し，さらに金銭動機で民家に侵入する窃盗犯の犯人特性は性的動機の窃盗犯に比べて多様性が大きいことを報告している。そこで高村・徳山（2006）は，金銭動機による民家対象窃盗犯の犯罪行動と犯人属性を同時に数量化Ⅲ類で分析し，見出した4つの群（初犯有職群，少年群，累犯広域群，累犯非広域群）について特徴的な犯罪行動・犯人属性をあげている。

　また，住居対象侵入窃盗事件において犯罪手口の情報から犯人属性の予測を検討した研究として，Santtila, Ritvanen, & Mokros（2004）による研究があげられる。Santtila, Ritvanen, et al.（2004）は，回帰モデルを用いて犯罪手口による犯人属性の予測を検討した結果，54の犯人属性のうち9つで回帰モデルによる推定確率が記述統計上の確率を上回ったことを示しており，捜査での犯人像推定や新任の警察官への講義，既知の窃盗犯のデータベースから容疑者リストを作成するシステムの構築に活用される可能性

を指摘している。しかし，この研究では85の犯罪手口に主成分分析を適用して抽出した14の主成分◆12を説明変数として予測を行っており，前述のFujita et al. (2013) や Yokota et al. (2007) のような犯人属性と関連度の高い犯罪行動を選択する方法ではなく，むしろ犯行テーマ分析を用いた犯人像推定に類する方法といえる。捜査の段階ですべての犯罪手口が常に明確なわけではない実務の分析においては（Snook, 2004），これらの主成分得点を算出するために必要な犯罪手口の情報を収集することは難しい。したがって，先行研究が殺人（Fujita et al., 2013）や性犯罪（Yokota et al., 2007）について検討したように，窃盗事件においても各犯人属性を予測するために重要な犯罪手口を抽出し，それらの組み合わせによって直接予測することができれば，犯罪手口に関する情報が不完全な状況でも，犯人属性を予測できるケースは多いと考えられる。以上で述べたように，日本の侵入窃盗犯についてより実用性の高い犯人像推定手法を確立していくためには，犯人属性の予測に有用な犯罪手口の組み合わせを検討する必要があるといえよう。

第4項　地理的プロファイリング

これまでに提案された拠点推定モデルの中で，日本で捜査支援活動への応用がもっとも進められているのは幾何学領域モデルである。幾何学領域モデルに関する研究は，住居対象侵入窃盗犯についても行われており（蒲生・細谷・萩野谷・石原・佐藤・小野，2010; 山元，2009），サークル仮説や疑惑領域モデルといった手法による居住推定エリアが，聞き込み捜査

◆12　主成分分析はなるべく少ない合成変数で多くの情報を把握しようとする統計手法であり，多くの主成分を抽出したとしても，下位の主成分ほどデータの解釈においてほとんど意味をなさないものとなる。したがって14の主成分を抽出して予測に利用した Santtila, Ritvanen, et al. (2004) の分析方法は，適切ではない可能性がある。

第1章　犯罪者プロファイリング研究の概要と課題

や前歴者捜査等に活用されている。

　しかし，これらの幾何学領域モデルには，2つの課題がある。1つ目は，単にモデルを適用しただけでは推定エリアが広くなる場合も多く，被疑者の絞り込みが不十分となる傾向があり，そのままでは実務での活用が難しいことである。実務では，推定エリアを参考に，分析者が別の条件も加味することでより狭い推定エリアを導くという方法が便宜的にとられるが，加味する条件は分析者の経験に基づいて決定されることが多いため，エリアの絞り込みを行うための客観的な手続きが必要である。2つ目は，先行研究が示すモデルの居住地含有率（研究に用いた解決事件の被疑者のうち，推定エリア内に居住していた者の割合）にばらつきが大きいことである。Tonkin et al.（2010）は，9つの先行研究から，サークル仮説の居住推定エリアにおける居住地含有率は，49％（オーストラリアの侵入窃盗犯）から87％（イギリスの強姦犯）までのばらつきがあったことを示しており，罪種や手口が多様な実務のデータに対して居住地含有率のばらつきの小さい推定エリアを得るためには，モデルの居住地含有率に影響する要因について理解する必要がある。

　被疑者が犯行に使用する交通手段は，犯行地点の選択パターンに大きな影響を与えるため（Snook, Cullen, Mokros, & Harbort, 2005），地理的プロファイリングにおいて重要な犯罪手口であり，連続侵入窃盗犯に関する先行研究では，自動車を使用する被疑者の方が他の交通手段を使用する被疑者に比べて居住地から遠い地点で犯行に及ぶことが指摘されている（Snook, 2004）。また，被疑者の年齢や職業の有無によって選択されやすい交通手段は異なっており（Farrington & Lambert, 2007; Ressler, Burgess, Douglas, Hartman, & D'Agostino, 1986; 財津, 2010），犯行に使用する交通手段ごとに犯人像を分析することは，交通手段が選択される背景を理解する上で重要である。しかし，侵入窃盗犯について交通手段ごとの犯人

像と犯行地点の選択パターンを体系的に分析した研究は見当たらない。

　犯行時の交通手段は，幾何学領域モデルが抱える2つの課題を克服する要素としても期待できる。山元（2009）は，5ヶ所の犯行に及んだ時点における疑惑領域モデルの居住地含有率が，分析に用いたすべての被疑者に比べて，犯行中に徒歩と原付バイクを使用した被疑者において高いことを示している。また，前述のように交通手段の違いによって居住地から犯行地点までの距離が異なるとすれば（Snook, 2004），居住地から犯行地点までの最大移動距離と犯行地点間の最大距離の間に強い相関関係（$r \geq 0.9$）が確認されていることから（Edwards & Grace, 2007; Kent & Leitner, 2007），犯行地点間の距離も交通手段によって異なる可能性がある。したがって，犯行地点の分布をもとに形成される推定エリアの広さも，犯行時の交通手段によって変動すると考えられる。これらのことから，犯行時の交通手段ごとに幾何学領域モデルを検討することで，狭い推定エリアと高い居住地含有率を両立する条件が見出される可能性がある。

　交通手段ごとの知見を実務に応用するためには，交通手段に関して正確性の高い情報を得る必要がある。しかし，実際には捜査の段階ですべての犯罪手口が常に明確なわけではなく（Snook, 2004），それは交通手段においても同様である。特に被害者が不在時に行われる犯行（たとえば空き巣）の場合は，目撃証言が得られにくく交通手段が不明である場合も多い。また，目撃証言が得られたとしても，被疑者が自動車を犯行現場から少し離れた場所に駐車して徒歩で接近した場合に，目撃者が被疑者の交通手段を徒歩と報告するケースがあるなど（Van Koppen & Jansen, 1998），常に正確な情報が得られるわけではない。

　したがって，交通手段の情報を援用して幾何学領域モデルの精度の向上を図るためには，同時に他の捜査中に得られる情報を用いた交通手段の予測を検討することも必要と考えられる。前述した，交通手段，居住地から

犯行地点までの距離，および犯行地点間距離の間の関連性を考慮すれば，捜査中に収集可能な犯行地点間距離による交通手段の予測を検討する価値があるといえる。

第4節　第1章のまとめ

　第1章第1節では，犯罪者プロファイリングの歴史について，まず，精神医学などの専門家が行った分析事例を起源として紹介した。次に，FBIによる臨床心理学や精神医学を主な背景とした系統的な研究（臨床的プロファイリング），および英国のDavid Canterを中心に行われた多変量解析などの統計分析を主体とする研究（統計的プロファイリング）の2つの潮流について述べた。

　第1章第2節では，現在主流となっている統計的プロファイリングにおける主要な3つの分析手法（事件リンク分析，犯人像推定，地理的プロファイリング）の概要と背景理論に関する説明を行った。

　事件リンク分析については，犯罪行動の「個人内での一貫性」と「個人間での識別性」を根拠とする手法であること，および行動の一貫性と識別性に関わる要因について述べた後，犯罪行動のとらえ方によって，事件リンクが犯行テーマ分析による方法と犯罪行動の組合せに基づく方法の2種類に分類されること，および類似した事件群を見出すための主な統計手法として，階層クラスター分析，多次元尺度構成法（MDS），ロジスティック回帰分析があることに言及した。

　犯人像推定については，「類似した特性をもつ犯人達ほど，犯罪行動も類似している」という相同仮説（homology assumption）を基底条件としており，現在は，過去の類似事件における犯人属性の記述統計的特徴から

推定を行う方法や，多変量解析などを用いて見いだされた犯行テーマから犯人属性の推定を行う方法が用いられているが，より精度の高い犯人像推定を実現するためには，個々の犯人属性と関連度の高い犯罪行動を選択して予測モデルを構築する必要があることを述べた。

地理的プロファイリングについては，犯人の居住地を推定する手法（拠点推定モデル）が欧米と日本との間で異なる発展形態を見せていることに言及し，欧州や北米を中心に検討されている拠点推定モデルが空間分布法と確率距離法に分類されること，および日本ではサークル仮説に日本独自の手法である疑惑領域モデルを加えた幾何学領域モデルが発展していることを紹介した。

第1章第3節では，現在の統計的手法を中心とする犯罪者プロファイリングに適した性質をもっているにもかかわらず，他の犯罪に比べて研究知見が不足している住居対象侵入窃盗事件に焦点を絞り，各分析手法の応用と実用性の向上に向けた課題について述べた。

事件リンク分析については，英国の侵入窃盗事件データを対象とした研究で犯罪手口に比べて地理的近接性および時間的近接性が事件リンクに有効である可能性が示されており，日本ではそれらのリンク特徴に関する実証的な知見が不十分であることから，日本の侵入窃盗犯について先行研究が有効性を示したリンク特徴の交差文化的な妥当性を評価する必要性を提起した。

犯人像推定については，従来の窃盗犯捜査を強化するものとして，犯人の類型化を目的とした基礎研究や，犯行テーマ分析を用いた犯人像推定の研究が行われているが，窃盗犯について犯人属性の予測に有用な犯罪手口の組み合わせを検討した知見がみられないことを指摘した。

地理的プロファイリングについては，日本で応用がもっとも進められている幾何学領域モデルの抱える課題として，推定エリアが広くなる場合も

多く被疑者の絞り込みが不十分となる傾向があること，および先行研究が示すモデルの居住地含有率にばらつきが大きいことを指摘し，それらの課題を克服する要素として期待される犯行時の交通手段を用いて，幾何学領域モデルの洗練化を検討することの必要性を提起した。

　そこで第2章では，3つの調査研究により，第1章で見出した各分析手法の課題の克服を検討するとともに，今後取り組むべき課題について考察する。

第 2 章
実証的研究

　第1章では,犯罪者プロファイリングの歴史,および現在主に用いられている分析手法(事件リンク分析,犯人像推定,地理的プロファイリング)の概要と理論的な背景について紹介した。また,本論文が研究の対象とする住居対象侵入窃盗事件について,各分析手法の応用と実用性の向上に向けた課題について述べた。そこで本章では,第1章で各分析手法について見出した課題の克服を検討する3つの調査研究について述べ,今後取り組むべき課題について考察する。

第1節　事件リンク分析の交差文化的妥当性（調査研究1）

第1項　研究の背景

　近年,英国の研究者によって行われた事件リンク分析に関する研究では,犯罪手口,地理的近接性および時間的近接性の3つの要素について,事件リンクへの有効性が検討されている（Bennell & Canter, 2002; Bennell &

Jones, 2005; Goodwill & Alison, 2006; Markson et al., 2010; Tonkin et al., 2008; Woodhams & Toye, 2007)。各要素の有効性については，これまでの研究から，犯罪手口に比べて地理的近接性と時間的近接性の有効性が高いことが見出されている。

一方，日本においては，強姦を対象として犯罪手口による事件リンク分析の研究が行われているが（藤田他，2011)，侵入窃盗犯について犯罪手口による事件リンクの有効性を検討した研究はない。また，地理的近接性や時間的近接性を対象とした事件リンクの研究も行われていない。

そこで本研究では，日本の侵入窃盗犯について，犯罪手口，地理的近接性および時間的近接性による事件リンクを検討することで，英国の先行研究が侵入窃盗犯における有効性を示したリンク特徴について交差文化的な妥当性を評価することを目的とした。

第2項　方法

データ

2004年から2010年までの間に，T県で2ヶ所以上の住居を対象とする連続侵入窃盗事件に及んで検挙された33名に関する事件資料を収集した。33名の被疑者は，男性31名，女性2名であり，年齢は15歳から73歳（平均＝39.6，標準偏差＝12.2，中央値＝38，最頻値＝33)，犯行件数は2件から314件（平均＝37.9，標準偏差＝63.4，中央値＝13，最頻値＝2）だった。犯行内容は，住宅に出入り口や窓を破壊（または非破壊で）侵入し，現金を得る目的，食料品や衣類などの自己使用目的，下着などの性的目的で窃盗に及ぶものであった。複数犯による事件の場合，事件の重複を避けるために主犯（または実行犯）として記録されている1名の資料を収集した。

被疑者ごとの事件の抽出方法は Bennell & Canter（2002）および Bennell & Jones（2005）に準拠し，犯行件数が多い被疑者の影響によって結果に偏りが生じることを避けるため，各被疑者の事件の一覧表から，発生日と発生場所が異なる事件を無作為に 2 件ずつ，計66件を抽出した。抽出方法としては，各被疑者の事件について時系列に一連の番号（ 1 〜n）を付け，Excel の関数を用いて事件数と同じ範囲（ 1 〜n）で発生させた重複しない 2 つの乱数に対応する番号が付された 2 事件を被疑者ごとに抽出した。その際，発生日または発生場所の同じ事件が抽出された場合，再度乱数を発生させて事件の抽出を行った。分析では，抽出した66件の事件について総当たりの組み合わせを作り，33組のリンクペアと2112組の非リンクペアを使用した。

手続き

リンクに使用した変数　分析に使用するリンク特徴には，先行研究（Bennell & Canter, 2002; Bennell & Jones, 2005; Markson et al., 2010）を参考に，非リンクペアよりもリンクペアにおいて類似性が高いと考えられる，犯罪手口に関する 3 つの領域（犯行対象，侵入方法，目的物），地理的近接性（事件間の直線距離，単位：km）および時間的近接性（事件間の時間間隔，単位：日）の 5 変数を用いた。犯罪手口の領域ごとの詳細を Table 7 に示す。

犯罪手口に関する変数は，事件ごとにある行動が記録されている場合を 1 ，記録されていない場合を 0 とする 2 値のデータであり，事件リンク分析における 2 つの事件の関係は，Table 8 の 2 × 2 分割表で表すことができる。本研究の場合，31項目の犯罪手口を 3 つの犯罪手口領域（犯行対象，侵入方法，目的物）に大別してとらえていることから，領域ごとに，事件 x, y ともに記録されていた項目の数を A 欄，事件 x のみで記録されてい

Table 7. 事件リンクに使用した犯罪手口の比率 ($n = 66$)

変数	%	変数	%
犯行対象		目的物[a]	
一般住宅	80.3	現金	66.7
集合住宅1階	12.1	財布	3.0
集合住宅2階	7.6	印鑑・通帳・カード類	9.1
侵入方法[a]		金券等	4.5
侵入用具を準備	43.9	宝石・指輪類	13.6
侵入用具を現場調達	4.5	硬貨類	1.5
玄関から侵入	13.6	時計	4.5
勝手口から侵入	4.5	カメラ	6.1
掃き出し窓から侵入	50.0	パソコン類	3.0
窓から侵入	31.8	AV・オーディオ機材	4.5
侵入口のガラスを大きく壊す	9.1	写真	3.0
侵入口のガラスを小さく壊す	34.8	かばん類	9.1
侵入口のガラスを焼き破る	4.5	衣類	6.1
侵入口の格子を壊す	1.5	女性用下着	9.1
無施錠から侵入する	50.0	鍵	6.1
		食料品・煙草	3.0
		玩具類	4.5

[a] 複数の項目を選択した被疑者を含む

Table 8. 犯罪手口における2つの事件の関係

		事件 y		
		記録あり(1)	記録なし(0)	合計
事件 x	記録あり(1)	A	B	$A+B$
	記録なし(0)	C	D	$C+D$
	合計	$A+C$	$B+D$	N

Note. 藤田他 (2011) p. 94 Table 2 を翻訳

た項目の数を B 欄, 事件 y のみで記録されていた項目の数を C 欄, 事件 x, y ともに記録されていなかった項目の数を D 欄に記入することで, 2つの事件の関係を表すことができる。

したがって犯罪手口については, 事件のペアごとに2値変数に基づいて

類似性を評価する必要がある。また，類似性を評価する際には，データの特性に適した指標を使うことが望ましい。Canter et al.（2003）は，警察が作成するデータの特徴としてすべての事実が記録されていない可能性を指摘し，2つの事件のいずれも行動が記録されていないケース（Table 8 の D 欄）を類似性として考慮しない（1）式の Jaccard 係数◆13を最適な尺度としてあげている。また，藤田他（2011）は強姦事件をリンクする際に適した類似度の1つとして Jaccard 係数をあげており，侵入窃盗事件のリンクに関する研究でも頻繁に Jaccard 係数が使用されていることから（Bennell & Canter, 2002; Bennell & Jones, 2005; Markson et al., 2010），本研究においても Jaccard 係数を類似度として用いた。

$$Jaccard\ (x,\ y) = \frac{A}{A+B+C} \quad (1)$$

　地理的近接性は，発生場所の座標をもとに事件間の直線距離を算出した。時間的近接性は，発生日時をもとに，事件間の時間間隔を日数で算出した。
リンク精度の評価　犯罪手口，地理的近接性および時間的近接性を説明変数，ペアタイプ（リンクペア，非リンクペア）を目的変数としてロジスティック回帰分析◆14を行い，各説明変数から目的変数を予測する回帰モデルを作成した。本研究では，各犯罪手口領域（犯行対象，侵入方法，目的物）について算出した Jaccard 係数，地理的近接性，時間的近接性の5つの変数について，それぞれの変数を単独で説明変数に用いた場合と，すべての変数から p 値の5％を基準とした変数増減法による変数の選択を行った場合の，6つのモデルを作成した。また，多くの事件リンク分析に

◆13　たとえば，侵入方法（11項目）において事件 x, y ともに記録されていた項目が3，事件 x のみで記録されていた項目が1，事件 y のみで記録されていた項目が2，事件 x, y ともに記録されていなかった項目が5となった場合，Jaccard 係数は3／（3＋1＋2）＝0.5となる。
◆14　分析の詳細については，補章を参照。

関する先行研究（Bennell & Canter, 2002; Bennell, Gauthier, Gauthier, Melnyk, & Musolino, 2010; Bennell & Jones, 2005; Tonkin et al., 2008）が精度の評価に用いている ROC 分析◆15（receiver operating characteristic analysis）を，本研究においてもロジスティック回帰分析とともに実施し，各モデルの予測精度の評価と比較を行った。

第3項　結果

ロジスティック回帰分析

各リンク特徴の中央値を Table 9 に示す。Table 9 から，リンクペアは非リンクペアに比べて侵入方法と目的物の Jaccard 係数が大きく，地理的近接性と時間的近接性が高かった。犯行対象については，Jaccard 係数の中央値に差は見られなかった◆16。

リンク特徴ごとに作成したモデルを Table10 に，変数選択によって作成した混合モデルを Table11 に示す。特徴ごとのモデルでは，尤度比検定の

Table 9．各特徴の類似度（非類似度）の中央値と四分位範囲

	リンク（$n=33$）	非リンク（$n=2112$）
犯行対象（Jaccard）	1.00 (1.00-1.00)	1.00 (0.00-1.00)
侵入方法（Jaccard）	0.50 (0.00-1.00)	0.25 (0.00-0.00)
目的物（Jaccard）	0.33 (0.00-1.00)	0.00 (0.00-1.00)
地理的近接性（km）	3 (1-9)	30 (17-43)
時間的近接性（日）	46 (17-165)	696 (332-1177)

Note.（　）内は四分位範囲

◆15　分析の詳細については，補章を参照。
◆16　犯行対象では，リンクペアと非リンクペアのいずれにおいても半数以上の事件ペアで Jaccard 係数が1.00となったために，中央値では差が見られなかった。しかし，Jaccard 係数が1.00となった事件ペアの比率には両者で差がみられることから（リンクペア：94%, 非リンクペア：66%），犯行対象においても，リンクペアは非リンクペアに比べて類似度が高い可能性がある。

Table10. 特徴ごとのロジスティック回帰モデル（n = 2145）

説明変数	β	SE	Wald		OR	95%CI	尤度比		的中率	R^2
犯行対象	0.99	0.73	8.22	**	8.14	1.94-34.09	15.15	***	0.35	0.05
侵入方法	0.62	0.45	18.56	***	6.89	2.86-16.57	17.39	***	0.77	0.07
目的物	0.42	0.47	8.10	**	3.82	1.52-9.62	7.37	**	0.60	0.02
地理的近接性	-2.73	0.02	34.36	***	0.87	0.83-0.91	71.64	***	0.88	0.22
時間的近接性	-3.50	0.00	29.83	***	0.99	0.99-1.00	75.77	***	0.87	0.24

*** $p<0.001$，** $p<0.01$．
Note．β = 標準偏回帰係数；SE = 標準誤差；95%CI = オッズ比の95%信頼区間；的中率 = Youden index に基づく判別的中率；R^2 = Nagelkerke R^2

Table11. 変数選択によるロジスティック回帰モデル（n = 2145）

説明変数	β	SE	Wald		OR	95%CI	尤度比		的中率	R^2
犯行対象	0.91	0.76	6.46	*	6.86	1.55-30.26	155.93	***	0.95	0.48
侵入方法	0.45	0.53	7.01	**	4.06	1.44-11.46				
地理的近接性	-2.23	0.02	25.01	***	0.89	0.85-0.93				
時間的近接性	-2.90	0.00	25.31	***	0.99	0.99-1.00				

*** $p<0.001$，** $p<0.01$，* $p<0.05$．
Note．β = 標準偏回帰係数；SE = 標準誤差；95%CI = オッズ比の95%信頼区間；的中率 = Youden index に基づく判別的中率；R^2 = Nagelkerke R^2

　結果，すべての特徴について有意なモデルが作成され，非リンクペアに比べてリンクペアの方が，各犯罪手口領域の類似性，地理的近接性および時間的近接性が高かった。また，寄与率（R^2）と判別的中率の比較から，地理的近接性と時間的近接性は，犯罪手口に比べてペアタイプのデータによくあてはまっていた。

　混合モデルには，犯行対象，侵入方法，地理的近接性および時間的近接性の4変数が選択された（Table11）。説明変数間の相関係数◆17を算出したところ，すべての値が0.7未満であり，太郎丸（2005）が多重共線性の問題が生じる目安として提示している基準値（0.7）以上の相関係数はな

◆17　ピアソンの積率相関係数（r）

かった。また，作成したモデルに多重共線性が生じているときに起きる現象として，説明変数の偏回帰係数の符号が目的変数と説明変数の間の相関係数の符号と一致しないことが指摘されていることから（内田，2011），本研究で用いた各説明変数について確認したところ，符号の一致しない説明変数はなかった。したがって，作成したモデルには多重共線性が生じていないと判断した。混合モデルは，特徴ごとに作成したモデルよりもペアタイプのデータによくあてはまっており，モデルに含まれる説明変数の中では，地理的近接性と時間的近接性が，犯罪手口の2変数（犯行対象，侵入方法）よりもペアタイプの判別に強く影響していた（Table11）。

ROC 分析

各モデルをもとに作図した ROC 曲線を Figure 4 に示す。AUC◆[18]は，混合モデルが高いレベルであり（AUC = 0.95），地理的近接性（AUC = 0.87）および時間的近接性（AUC = 0.89）が中程度のレベルだった。犯罪手口では，侵入方法（AUC = 0.71）が中程度のレベル，犯行対象（AUC = 0.64）と目的物（AUC = 0.63）は低いレベルであり，いずれも混合モデル，地理的近接性および時間的近接性に比べて精度は低かった。したがって，ROC 分析による結果はロジスティック回帰分析の結果と一致していた。

第4項　考察

ペアタイプ間で各リンク特徴の類似度および非類似度を比較したところ，リンクペアは非リンクペアに比べて各犯罪手口領域の類似度，地理的近接

◆18　Swets（1988）は，AUC の評価基準として0.50〜0.70を低いレベル，0.70〜0.90を中程度のレベル，0.90〜1.00を高いレベルとしている。

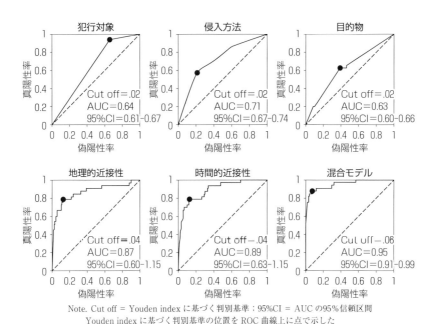

Note. Cut off = Youden index に基づく判別基準；95%CI = AUC の95%信頼区間
Youden index に基づく判別基準の位置を ROC 曲線上に点で示した

Figure 4. 各リンク特徴のモデルと混合モデルの ROC 曲線（n = 2145）

性および時間的近接性が高かった。すべてのリンク特徴について有意なモデルが作成されたことから，これらの特徴はペアタイプの予測に一定の効果があるといえる。しかし，寄与率，判別的中率および AUC の比較では，犯罪手口に比べて地理的近接性と時間的近接性についてより精度の高いモデルが作成されており，地理的近接性と時間的近接性が犯罪手口に比べて事件リンクにより強い影響力をもつことが示された。同様の傾向は混合モデルにおける各説明変数の影響度にも示されている。混合モデルは特徴ごとに作成したモデルに比べてもっとも精度の高いモデルが作成されており，特に影響度の高い地理的近接性と時間的近接性を組み合わせたことで，精度が向上した可能性が考えられる。

本研究では，日本の侵入窃盗事件においても英国の研究（Bennell & Canter, 2002; Bennell & Jones, 2005; Markson et al., 2010）と類似する結果が得られ，先行研究の交差文化的な妥当性が示された。英国では商業施設対象強盗（Woodhams & Toye, 2007）や自動車盗（Tonkin et al., 2008）を対象とした事件リンクの研究においても地理的近接性の有効性が示されており，日本の侵入窃盗以外の罪種についても地理的・時間的近接性のリンクへの有効性を評価する価値があるだろう。
　犯罪手口に比べて地理的近接性と時間的近接性についてより精度の高いモデルが作成された理由としては，事件資料に記載される際の精度の違いが考えられる。前述の通り，犯罪行動に関する事実はすべてが記録されていない可能性があるが（Canter et al., 2003），事件の発生場所や犯行日時は捜査上記録すべきもっとも基本的な情報である。また，場所や日時は明確な測度（たとえば，住所，暦）に基づいて記載されることから，犯罪手口に比べて地理的近接性や時間的近接性の方が情報の精度が高い可能性がある。
　しかしながら，実務場面では地理的近接性と時間的近接性についてはすでに経験的に考慮されており，限定された領域と期間の範囲内で事件リンク分析を行うことが多いため，事件リンクに寄与する犯罪行動の組合せを見出すことの意義は大きいといえる。また，犯罪手口による事件リンクは，日本で長年行われている手口捜査においても有効な手法の1つとして捜査員の経験的知識に基づいて行われており（窃盗犯捜査研究会, 1985），手口捜査における事件リンクではより豊富で詳細な犯罪手口に関する情報を用いていると考えられる。たとえば，本研究で用いた侵入口のガラスの破壊に関する変数は，「大きく壊す」「小さく壊す」「焼き破る」の3変数である。しかし，実際にはガラスに残る痕跡や破壊したガラスの処置など，本研究で用いた変数以外にも，事件リンクに影響する可能性がある変数は多い。したがって，今後も事件リンクに有効な犯罪手口を見出し，それら

を組み合わせた判別モデルを構築することで，犯罪手口による事件リンクの精度が向上する可能性があるといえるだろう。

　他にもリンク特徴の有効性に作用する要因として，周囲の環境から受ける影響の大きさが考えられる。いつ，どこで犯行に及ぶかという選択は，犯行のもっとも初期の段階で行われることから，事件の犯行日時や発生場所は，被疑者が比較的環境の影響を受けずにコントロールできる状況依存性の低い項目と考えられる。状況依存性の観点からは，犯罪手口の中で目的物だけが混合モデルに含まれなかった理由も説明できる。犯行対象や侵入方法は，侵入する建物の下見や物色といったより早い段階で，好みの対象や侵入口を選択することが可能である。それに対して目的物は，侵入後の短時間で現場にある物の中から選択しなければならないという制約を受けるため，同じ被疑者であっても手口の一貫性が低く，ペアタイプの識別が困難な可能性がある。したがって，状況依存性の低い犯罪手口を見出し，それらを組み合わせることで，事件リンクの判別モデルを洗練していくことが必要である。

　さらに，データに基づく限界がリンク特徴の有効性に影響している可能性もある。Bennell & Jones（2005）は，広いエリアから少数のサンプリングを行うことで，サンプルのばらつきが大きくなり，過度に識別性が高くなる可能性がある事を指摘しており◆19，この指摘は本研究にも当てはまる。また，時間的近接性についても，先行研究（Goodwill & Alison, 2006; Markson et al., 2010）は 3 年分のデータから事件を収集しているが，本研究ではより長い 7 年分のデータから事件を収集しており，そのことが被疑者ごとの犯行期間をより分散させ，過度に予測精度が高くなった可能性がある。したがって，日本の事件データに対する地理的近接性と時間的近接

◆19　たとえば T 県内から 3 名の被疑者を抽出した場合，3 名の犯行エリアがそれぞれ異なる市区町村に分散し，完全に分離する可能性がある。

性の有効性に関しては，より狭いエリアや短い期間の範囲内で，サンプルを増やしたさらなる検討が必要である。

サンプルに関しては，データ量以外にも今後の検討が必要な課題がある。たとえば，本研究が対象としたT県の人口密度は313人/km^{2}であり（総務省，2010)，Bennell & Jones（2005）が検討した3地域（District 1：1875人/km^2, District 2 ：4053人/km^2, District 3：1467人/km^2）のような都市部ではなく，Markson et al.（2010）が用いた地域（105人/km^2）と類似した郊外地域である。人口密度は住居対象侵入窃盗事件の犯行対象の密度と密接な関連があることから，人口密度の異なる地域では被疑者の行動パターンも異なる可能性がある。比較的安価な公共交通システムが広範囲で整備されている都市部の研究において，犯行地点の選択パターンが他の地域とは異なることが指摘されていることからも（Block & Bernasco, 2009)，日本においてもT県とは人口密度の大きく異なる都市部のデータを対象とした検証を行う必要があるだろう。

また，本研究では先行研究（Bennell & Canter, 2002; Bennell & Jones, 2005; Markson et al., 2010）にしたがって，犯行件数の多い被疑者の影響を考慮したサンプリングを行った。しかし，捜査において正確なリンクに基づく早期の検挙がより強く求められるのは犯行件数の多い被疑者である。一般的に犯行件数が多いほど犯行は広いエリアで長期間にわたると考えられることから，地理的近接性と時間的近接性による事件リンクが困難になると思われるが，犯行件数の多い犯人はより一貫性の高い行動を示す可能性が指摘されていることから（Woodhams et al., 2007)，犯罪手口の事件リンクへの有効性が増大する可能性がある。したがって，犯行件数の多い犯人については，特に事件リンクに有効な犯罪手口を見出すことが重要といえよう。

今後は，以上で述べた課題について検討を進めることで，事件リンク分析の精度の向上と適用範囲の拡大を進めていくことが重要である。

第2章　実証的研究

第2節　犯罪手口による犯人像推定（調査研究２）

第1項　研究の背景

　現在の犯罪者プロファイリングによる犯人像推定では，主として過去の類似事件における犯人属性の記述統計的特徴から推定を行う方法や，多変量解析を用いて見いだされた類型，犯行テーマから犯人属性の推定を行う方法が用いられているが，これらの手法には，実務場面での有効性や推定の客観性についての限界が存在する。

　そこで本研究では，日本における住居を対象とする連続侵入窃盗犯について，犯人属性の予測に有用な犯罪手口を選択し，それらの組み合わせによる犯人属性の予測を検討することで，捜査支援活動により柔軟に活用できる，客観性の高い犯人像推定の手法を見出すことを目的とした。

第2項　方法

データ

　郊外に位置する５つの県において，2004年から2010年までの間に，５ヶ所以上◆[20]の住居を対象とする連続侵入窃盗事件に及んで検挙された305名

◆20　横田・渡辺（1998）による侵入窃盗の手口の反復性に関する研究では，過去の犯行回数が多いほど，それ以降に行う犯行では過去に選択したことのある手口を選択する可能性が高くなり，被疑者が犯行で選択する手口の種類が特定化することが示されている。また，横田・渡辺（1998）は，手口から上手く被疑者を絞り込むための目安として，犯行回数が５回以上であることをあげている。さらに，犯人像推定と並行して行われると考えられる地理的プロファイリングを実施する目安として，最低５ヶ所の犯行地点情報を収集できることが三本（2006）によって提示されていることも考慮して，本研究では５ヶ所以上の事件を対象とした。

に関する事件資料を収集した[21]。同じ被疑者に複数の資料がある場合，もっとも古い資料のみを使用した。複数犯による事件の場合，主犯（または実行犯）とされている1名の資料を収集した。

分析に使用する変数は，Santtila, Ritvanen, et al. (2004) および高村・徳山 (2003, 2006) の研究を参考として，犯人属性に関する17変数（Table12）と犯罪手口に関する50変数[22]（Table13）とし，0または1の2値にコーディングした。犯行時年齢（記録上の第1犯行時の年齢）はより細かく分けることもできるが，細分化することで判別的中率（全サンプル中で正しく判別されたサンプルの割合）が大きく低下することが考えられる。したがって本研究では，年齢の予測可能性を検証する便宜的な方法として，財津 (2008) が連続強姦事件の犯行間隔日数を予測する際に用いた手続きに従い，中央値で2分割して再コーディングした年齢（36歳以上，36歳未満）を用いた。犯行対象（現場の住人，現場周辺の地理）についての知識の程度は，「被害者に関する知識あり」「現場付近の地理的環境に関する知識あり」「被害者・現場に関する知識なし」の3つのカテゴリがあるため，各カテゴリを3つのダミー変数に置き換えて使用した。

本研究で用いたデータには，潜在的なバイアスが存在する。たとえば，データは科学的研究ではなく犯罪捜査に活用するために作成された資料に基づいているため，資料に記録されていない犯罪手口についても，実際には犯行で行われている可能性がある（Alison, Snook, & Stein, 2001; Canter & Alison, 2003）。また，事件資料は警察官によって作成されているため，評定者間信頼性は評価できない。しかし，このようなデータに対して犯罪

---

[21] 参考までに同時期における同種事件の半数近く（46～67%）は未検挙であることを記しておく。
[22] 調査研究1では，複数の犯罪手口を犯罪手口領域にまとめていたために，予測に用いる犯罪手口について生起頻度による選別を行わなかったが，調査研究2では個々の犯罪手口を直接予測に用いることから，生起頻度が5%未満の変数を除外して分析に用いた。

第 2 章　実証的研究

Table12.　目的変数として使用した犯人属性

変数	%	変数	%
犯行時年齢（第 1 犯行時）		被害者または犯行対象地域の知識a)	
36歳以上	49.8	被害者に関する知識あり	6.9
36歳未満	50.2	現場付近の地理的環境に関する知識あり	67.2
性別a)		被害者・現場に関する知識なし	19.7
男性	95.7	空き巣の犯罪経歴	
女性	3.6	あり	49.8
共犯形態		なし	50.2
あり	20.0	忍込みの犯罪経歴	
なし	80.0	あり	38.4
職業		なし	61.6
有職	30.5	居空きの犯罪経歴	
無職	69.5	あり	19.3
婚姻歴		なし	80.7
あり	38.7	住居以外対象侵入窃盗の犯罪経歴	
なし	61.3	あり	42.3
居住形態 a)		なし	57.7
住居有り	65.2	非侵入窃盗の犯罪経歴	
住居不定	33.4	あり	58.0
学歴 a)		なし	42.0
高卒以上	34.1	窃盗以外の犯罪経歴	
中卒以下	60.3	あり	33.4
精神障害・知的障害		なし	66.6
あり	4.6		
なし	95.4		

a) 欠損値を含む

　手口による犯人属性の予測を検証する場合においても，先行研究（Fujita et al., 2013; Yokota et al., 2007）で行われているような所定の手続きにしたがって予測モデルを構築することで，実用場面においても有効な推定規則を見出すことが可能と考えられる。

Table13. 説明変数として使用した犯罪手口

変数	%	変数	%
犯行時間帯		財布・封筒から抜き取り	31.5
朝〜午後	64.6	法科学的資料への配慮	66.2
宵〜中夜	30.5	逃走時の特徴	
深夜〜未明	31.1	侵入口と出口が異なる	33.4
犯行地の環境		侵入口から逃走	45.6
駅付近	10.8	逃走口を閉める	48.2
幹線道路沿い・表通り	28.9	逃走口を開放	7.5
裏通り・路地	86.2	逃走途中に用具・窃取物を捨てる	22.0
住宅街	77.7	目的物	
農漁村	37.0	現金	95.4
犯行用具		印鑑・通帳・カード類	30.2
用具を準備	72.8	金券類	31.8
用具を現場調達	14.4	宝石・指輪類	37.7
侵入方法		時計	26.9
ドアから侵入	59.3	カメラ	15.4
窓から侵入	87.2	パソコン類	8.2
無締り箇所から侵入	76.7	AV・オーディオ機材	9.8
破壊侵入	52.8	小型電子機器	8.9
靴を脱いで侵入	37.0	かばん類	42.0
土足で侵入	57.0	衣類	12.8
物色時の特徴		女性用下着	14.4
家具を物色	87.9	食料品・煙草	15.7
かばん類を物色	40.7	玩具類	19.3
金庫を物色	13.8	金庫類	13.8
手当たり次第に物色	35.1	クレジットカードの使用	9.5
浅く物色	47.2	その他の犯罪手口	
復元物色	40.7	連続犯行	54.4
散乱物色	19.7	同一場所で犯行	29.8
財布・封筒ごと窃取	39.0	盗んだ自転車を使う	12.1

Note. すべての分類で複数の項目を選択した被疑者を含む

手続き

ロジスティック回帰分析　犯人属性ごとに犯罪手口による予測を検討するため，犯人属性（17変数）を目的変数，犯罪手口（50変数）を説明変数と

したロジスティック回帰分析を行った。ロジスティック回帰分析は，予測したい変数（目的変数）が離散変数のときに用いられる手法であり，分析で導かれるモデル（回帰式）を用いて目的変数の判別を行うことができる。

目的変数には欠損値を含むものがあるため，各分析は，目的変数が欠損値であるサンプルを除外して行った。モデルに使用する説明変数の選択には変数増減法を用いて，p 値の 5 ％ を基準とした変数の投入と除去を行った。また，多重共線性の問題を避けるため，説明変数間の相関係数[23]を算出したところ，相関係数はすべての説明変数の組み合わせで0.7未満であり，特に相関が高い変数の組み合わせはないと判断して，すべての説明変数を分析に使用した。さらに作成されたモデルについても多重共線性を確認するため，各説明変数について算出された偏回帰係数の符号が，説明変数と目的変数との相関係数[24]の符号に一致しているかを確認し，符号が一致しない説明変数がある場合は，その変数との相関係数がもっとも高い説明変数を抽出し，それら 2 つの変数の中で，目的変数との相関係数が低い方の変数を除外して再分析を実施した。

モデルの有用性の評価　モデルの有用性は，適合度と判別的中率の 2 つの指標による評価が可能である。したがって本研究では，以下の 2 つの基準を満たすモデルについて詳細な評価を行った。

1．適合度　モデルの適合度の評価には，基準値が Swets（1988）により示されている ROC 曲線（receiver operating characteristic curve）が有効な指標の 1 つであり，他の罪種を対象とした研究でも用いられている（Fujita et al., 2013; Yokota et al., 2007）。モデルの評価を行う際に，モデルの学習データとテスト用のデータを分けて検証を行う方法として，交差検証

---

[23] 説明変数間の相関係数には ϕ 係数を用いた。
[24] 説明変数と目的変数との相関係数についても，説明変数間の相関係数と同様に ϕ 係数を用いた。

法がある（金，2007）。交差検証法の1つである n 重交差検証法（n-fold cross validation）では，データを n 等分してそのうち1つをテスト用とし，残りの $n-1$ 個を学習用として，n 回の学習とテストを行う方法である。Fujita et al.（2013）は，殺人犯の犯人属性を予測する研究で ROC 曲線を作成する手続きに10重交差検証法（10-fold cross validation）を採用し，すべてのデータに基づいてステップワイズ法で説明変数を選択した後，学習用データから各説明変数の偏回帰係数を算出してモデル構築を行い，そのモデルをテスト用データに適用して予測値を得る手続きを繰り返すことで，すべてのサンプルについて交差妥当化した予測値を算出し，ROC 曲線を作成している。本研究では Fujita et al.（2013）の方法にしたがい，選択した説明変数の組合せに対して10重交差検証法を用いて ROC 曲線を作成し，AUC◆[25]が中程度（0.70～0.90）以上であることをモデルの有用性に関する1つ目の基準とした。

2．判別的中率 モデルの有用性を評価する際には，適合度だけでなく判別的中率も重要であり，もともと比率が多い側のカテゴリが占める割合（予測の事前確率）を超える精度でないと意味がない（内田，2011）。Santtila, Ritvanen, et al.（2004）は，犯人属性を予測する回帰モデルの有効性を評価する基準として，回帰モデルの判別的中率（correct classification rate）が予測の事前確率（best-guess rate）に比べて大きいことを採用していることから，本研究においても，判別的中率が予測の事前確率よりも大きいことを，モデルの有用性に関する2つ目の基準とした。目的変数の判定基準には，各モデルについて作成した ROC 曲線における真陽性率と偽陽性率の差の最大値（Youden index; Krzanowski & Hand, 2009）に対応する閾値を採用し，10重交差検証法によって算出したサンプルの予測値

◆25　Swets（1988）は，AUC の評価基準として0.50～0.70を低いレベル，0.70～0.90を中程度のレベル，0.90～1.00を高いレベルとしている。

に適用することで，判別的中率を算出した。

第3項　結果

　17の目的変数について作成されたモデルのうち，AUCが0.70以上だったモデルの数が6，判別的中率が事前確率よりも大きかったモデルの数が9であり，両方の基準を満たしたのは，犯行時年齢，共犯形態，空き巣の犯罪経歴，忍込みの犯罪経歴の4つのモデルだった（Table14）。基準を満たしたモデルのAUCはすべて中程度のレベル（0.70〜0.85）であり，事前確率からの改善は犯行時年齢（16.7％），空き巣の犯罪経歴（14.8％），忍込みの犯罪経歴（11.8％），共犯形態（1.3％）の順に大きかった。基準を満たしたモデルの詳細をTable15に示す。

　各モデルの説明変数の構成は次のとおりである。

犯行時年齢

　被疑者の年齢が36歳以上である可能性は，「朝〜午後」に犯行に及び，「浅い物色」で「金券類」を盗むといった行動が認められる場合に高くなり，36歳未満の可能性は，「玩具類」を窃取，「逃走口を開放」するといった行動が認められる場合に高くなるモデルが作成された。

共犯形態

　複数犯である可能性は，「裏通り・路地」で「連続犯行」に及び，現場を「散乱物色」，「宝石・指輪類」や「玩具類」を盗むといった行動が認められる場合に高くなり，単独犯の可能性は，「朝〜午後」に「無締り箇所から侵入」して「小型電子機器」や「女性用下着」を窃取，逃走時に「逃走口を閉める」といった行動が認められる場合に高くなるモデルが作成さ

Table14. 犯人属性を予測する回帰モデルの有用性

犯人属性	出現頻度の高いカテゴリ	N	事前確率[a]	判別的中率[c]	AUC[b)c]	AUCの95%信頼区間
犯行時年齢（第1犯行時）	36歳未満	305	50.2%	66.9%	**0.70**	0.65-0.75
性別	男性	303	96.4%	64.4%	0.53	0.38-0.67
共犯形態	なし	305	80.0%	81.3%	**0.85**	0.79-0.90
職業	無職	305	69.5%	72.8%	0.59	0.55-0.64
婚姻歴	なし	305	61.3%	60.0%	0.54	0.51-0.57
居住形態	住居有り	301	66.1%	72.8%	0.63	0.58-0.67
学歴	中卒以下	288	63.9%	65.3%	0.55	0.50-0.60
精神障害・知的障害	なし	305	95.4%	75.4%	0.68	0.57-0.79
被害者に関する知識あり	知識なし	286	92.7%	84.6%	0.65	0.53-0.78
現場付近の地理的環境に関する知識あり	知識あり	286	71.7%	65.0%	0.63	0.57-0.69
被害者・現場に関する知識なし	知識なし	286	79.0%	65.7%	**0.80**	0.74-0.85
空き巣の犯罪経歴	なし	305	50.2%	64.9%	**0.70**	0.64-0.75
忍込みの犯罪経歴	なし	305	61.6%	73.4%	**0.74**	0.69-0.80
居空きの犯罪経歴	なし	305	80.7%	74.1%	**0.72**	0.65-0.79
住居以外対象侵入窃盗の犯罪経歴	なし	305	57.7%	66.2%	0.66	0.60-0.71
非侵入窃盗の犯罪経歴	あり	305	58.0%	67.2%	0.67	0.63-0.72
窃盗以外の犯罪経歴	なし	305	66.6%	63.9%	0.63	0.58-0.67

a) 各犯人属性においてもっとも出現頻度の高いカテゴリの比率
b) AUC = area under the ROC curve.
c) 条件を満たした値をボールドで示した

れた。

空き巣の犯罪経歴

　空き巣の犯罪経歴をもっている可能性は，「駅付近」の「裏通り・路地」で犯行に及び，「金券類」を盗み，現金を「財布・封筒ごと窃取」して「窃取した自転車を使用」するといった行動が認められる場合に高くなり，空き巣の犯罪経歴をもっていない可能性は，「深夜～未明」に犯行（忍込み）に及び，「靴を脱いで侵入」して「逃走口を開放」するといった行動

第 2 章　実証的研究

Table15. 犯人属性の予測に関する有用性の基準を満たした 4 つの回帰モデル

変数	β	SE	Wald		OR
犯行時年齢（第 1 犯行時）（36歳以上=152，36歳未満=153，R^2=0.21）					
金券類	1.01	0.30	11.65	**	2.74
朝～午後	0.60	0.27	4.85	*	1.83
浅く物色	0.54	0.25	4.57	*	1.72
逃走口を開放	-1.45	0.50	8.38	**	0.23
玩具類	-2.02	0.38	29.04	**	0.13
共犯形態（あり=61，なし=244，R^2=0.46）					
裏通り・路地	2.47	0.86	8.19	**	11.86
玩具類	1.35	0.45	9.14	**	3.86
連続犯行	1.23	0.41	9.28	**	3.44
宝石・指輪類	1.02	0.40	6.51	*	2.78
散乱物色	0.99	0.40	6.04	*	2.69
朝～午後	-0.86	0.39	4.90	*	0.42
無締り箇所から侵入	-1.18	0.41	8.18	**	0.31
逃走口を閉める	-1.27	0.39	10.79	**	0.28
女性用下着	-2.17	0.73	8.73	**	0.11
小型電子機器	-3.25	1.12	8.37	**	0.04
空き巣の犯罪経歴（あり=152，なし=153，R^2=0.23）					
窃取した自転車を使用	1.17	0.42	7.53	**	3.21
駅付近	1.15	0.47	6.06	*	3.17
財布・封筒ごと窃取	1.10	0.28	15.32	**	3.00
裏通り・路地	0.99	0.40	6.18	*	2.68
金券類	0.76	0.29	6.86	**	2.14
深夜～未明	-0.62	0.29	4.43	*	0.54
靴を脱いで侵入	-0.96	0.28	12.20	**	0.38
逃走口を開放	-1.26	0.55	5.15	*	0.28
忍込みの犯罪経歴（あり=117，なし=188，R^2=0.29）					
小型電子機器	1.11	0.51	4.75	*	3.04
深夜～未明	1.09	0.30	13.09	**	2.97
連続犯行	1.02	0.28	13.00	**	2.77
時計	0.90	0.32	7.85	**	2.46
財布・封筒から抜き取り	0.70	0.29	5.83	*	2.02
宵～中夜	-0.71	0.31	5.44	*	0.49
玩具類	-1.13	0.39	8.41	**	0.32
逃走口を開放	-1.55	0.57	7.43	**	0.21

Note.　β =標準偏回帰係数；SE =標準誤差；R^2 = Nagelkerke's R^2．
** p <0.01，* p <0.05．

が認められる場合に高くなるモデルが作成された。

忍込みの犯罪経歴

　忍込みの犯罪経歴をもっている可能性は,「深夜〜未明」に「連続犯行」に及び,「時計」や「小型電子機器」を盗み,現金を「財布・封筒から抜き取り」窃取するといった行動が認められる場合に高く,忍込みの犯罪経歴をもっていない可能性は,「宵〜中夜」に犯行に及び,「玩具類」を窃取,「逃走口を開放」するといった行動が認められる場合に高くなるモデルが作成された。

第4項　考察

有用性の基準を満たしたモデルの解釈

　適合度,判別的中率の両基準を満たした4つのモデルは,犯人属性を少数の関連が強い犯罪手口から予測できる可能性を示しており,今後の捜査活動に応用しやすいモデルといえる。

　高い判別的中率を得るため変数を2値化した「犯行時年齢」では,寄与率は低いものの（$R^2=0.21$）,モデルの適合度は中程度のレベル（AUC=0.70）であり,年齢の予測をできる可能性が示された。しかし,今後さらに細分化した年齢の予測を行うには,Snook（2004）が年齢との関連を指摘している犯行移動距離などの犯罪手口以外の変数も使用して,精度の向上をはかる必要があるだろう。

　モデルを構成する変数についてみると,「玩具類」が年齢の低さを説明する変数として含まれていた。高村・徳山（2006）は,「玩具類」が少年の被疑者を強く示唆する目的物であることを示しており,本研究で得られた結果と一致する。窃盗犯捜査研究会（1985）は,常習窃盗犯は楽に多く

の現金を得られる物（換金が容易，小型，高価）を好む傾向があることを指摘しており，そうした目的物の１つとして，特に足がつきにくい「金券類」が考えられる。加えて，高村・徳山（2006）は，窃盗経験の多少が被疑者の年齢と強く結び付いていることを示唆している。したがって，常習窃盗犯に比較的年齢の高い被疑者が多いことから，比較的年齢の高い被疑者に「金券類」が選択されやすいという傾向が見出された可能性がある。

また，常習窃盗犯の物色特徴として現金や貴金属などの特定の物に目標を定める傾向が指摘されていることから（窃盗犯捜査研究会，1985），目的物の収納場所へ直行し，他を物色しないために「浅い物色」となることが考えられる。さらに常習性にしたがって解釈すれば，「朝〜午後」の犯行は大部分が空き巣であることから，空き巣を行う被疑者には常習犯が多く，窃盗経験の少ない被疑者は「逃走口を開放」したまま逃走することが多いのかもしれない。

「共犯形態」では，「犯行時年齢」のモデルにも含まれていた「朝〜午後」と「玩具類」が含まれており，先行研究で若い被疑者には複数犯が多いこと（Eskridge, 1983; Reiss & Farrington, 1991），初犯者に複数犯での犯行が多いこと（高村・徳山，2006；山岡・渡辺，1971）が指摘されていることからも，複数犯で行われる犯行には初犯の若年層が一定数含まれていると考えられる。

しかし，人通りの少ない「裏通り・路地」で「連続犯行」に及び，「散乱物色」をして「宝石・指輪類」を盗むという手口から，複数犯の共通した傾向として常習性が低いとはいえない。「無締り箇所から侵入」，「逃走口を閉める」といった手口が少ないことから，複数犯の中には比較的大胆な手口で窃盗を行う組織窃盗の被疑者が含まれていることが影響していると考えられる。

また，「女性用下着」が単独犯である可能性を高めることは，高村・徳

山（2003）が収集した68名（うち侵入盗は16名）の色情盗がすべて単独犯であったことと一致しており，性的動機による侵入窃盗犯の多くは単独犯といえる。さらに，「小型電子機器」については，複数犯に比べてより物色の効率化や犯行の発覚に配慮した手口との関連が強い「忍込みの犯罪経歴」をもつ可能性が高くなる変数であり，複数犯には選択されにくい目的物である可能性が考えられる。

　犯罪経歴に関するモデルについても，「犯行時年齢」のモデルに含まれる変数が「共犯形態」と同様に含まれていた。「空き巣の犯罪経歴」のモデルには，経歴があることを示す説明変数として年齢が高いことを示す「金券類」が，経歴がないことを示す説明変数として年齢が低いことを示す「逃走口を開放」が含まれていた。また，「忍込みの犯罪経歴」のモデルには，経歴がないことを示す説明変数として年齢が低いことを示す「玩具類」，「逃走口を開放」が含まれていた。

　犯罪経歴の内容で年齢に違いがあるのかを検討するために今回使用したデータから t 検定を行った結果，空き巣（$t(303)=6.20, p<.001$）と忍込み（$t(303)=6.61, p<.001$）の犯罪経歴の有無について，年齢との正の関連が確認されたことからも，2種類の犯罪経歴はともに被疑者の年齢と関連があることが確認された。今回目的変数として使用した年齢と犯罪経歴との間の相関比は，「犯行時年齢」と「空き巣の犯罪経歴」で $\eta=.34$，「犯行時年齢」と「忍込みの犯罪経歴」で $\eta=.35$ であった。

　犯罪経歴については，空き巣，忍込み，居空きといった犯罪の定義と関連する犯行時間帯に基づいて解釈することも重要である。本研究の結果からは，「深夜～未明」の犯行が含まれるケースで「空き巣の犯罪経歴」をもつ可能性が低くなること，および「忍込みの犯罪経歴」をもつ可能性が高くなることが示されるとともに，「宵～中夜」の犯行が含まれるケースで「忍込みの犯罪経歴」をもつ可能性が低くなることが示された。「深夜

～未明」の犯行は定義上忍込みであり，「宵～中夜」の犯行の大部分は空き巣または居空きであることから，過去に忍込みの犯罪経歴がある被疑者はその後空き巣や居空きを行う場合は少なく，忍込みを手口として選択しやすいこと，さらに，過去に空き巣の犯罪経歴がある被疑者はその後忍込みを行う場合は少なく，空き巣や居空きを手口として選択する場合が多いことを示している。

Yokota & Canter（2004）は，日本の15種類の窃盗について被疑者ごとの全犯行件数に対する犯行の生起頻度をもとにしたテーマ分類と手口の専門化についての検討を行い，ほとんどの侵入窃盗犯が「住居」か「商業施設」に専門化していき，同じ「住居」テーマに属する中でも，忍込みが他の２つ（空き巣，居空き）とは区別される可能性があることを指摘している。本研究では被疑者の検挙事件と犯罪経歴との関係ではあるが，手口の専門化が同じ「住居」テーマの中でも起きることが示された。

犯行時間帯の他に犯罪経歴に関するモデルに含まれる説明変数については，前述の「犯行時年齢」との関連以外にも，それぞれ窃盗経験の多少を背景とする変数として解釈することができる。

「空き巣の犯罪経歴」に関しては，経歴をもつことを予測する「駅付近」，「裏通り・路地」，および経歴をもたないことを予測する「逃走口を開放」について，逃走が容易かつ犯行前後の行動が人目につかない場所（窃盗犯捜査研究会，1985）で犯行に及び，犯行時に発覚しないように努力する（警視庁防犯総務課，1991）常習窃盗犯の傾向に関連する手口と考えられる。また，「金券類」を窃取する場合が多いことは，前述した楽に多くの現金を得られるものを好む傾向（窃盗犯捜査研究会，1985）を反映しているといえる。「窃取した自転車を使用」する場合が多い理由としては，逮捕のリスクを減らすために，単なる交通手段として自転車を使用する際に自己が所有する自転車の使用を避けている可能性とともに，空き巣は被害

者が不在時に犯行を行うため忍込みに比べて電気製品などの大きな物品を窃取しやすいことから，窃取品を搬出する手段としても，使い捨てが容易なものとして選択されやすい可能性が考えられる。「財布・封筒ごと窃取」する場合が多いことについては，滞在時間を減らすことで現場で発覚するリスクを低減できるとともに，日中の犯行が多いため，逃走中に不審者として警察官に呼び止められることで犯行が発覚する可能性も低いことから，空き巣では財布や現金以外の中身も目的物の1つとしてとらえられることが多い可能性がある。「靴を脱いで侵入」する場合が少ないことについては，現場に土足の足跡を残す可能性に対して，犯行中に被害者が帰宅するなどして犯行が発覚した際に，靴を遺留することなくすぐに逃走できることを優先した合理的な選択と考えることができる。

　「忍込みの犯罪経歴」に関しては，経歴をもつことを予測する「連続犯行」は，窃盗経験の多さを示す変数の1つであり（高村・徳山，2006），「財布・封筒から抜き取り」，「時計」，携帯音楽プレーヤーや携帯情報端末（PDA）を含む「小型電子機器」は，いずれも常習窃盗犯が楽に多くの現金を得られるものを好む傾向（窃盗犯捜査研究会，1985）に関連する手口である。また，経歴をもたないことを予測する「玩具類」は，空き巣とは異なり，忍込みでは被害者が就寝中に犯行を行うことから，犯行時に家人に気付かれないようにする必要があるため，物色の効率化や逃走時の身軽さを考慮した場合に目的物とはなりにくいのかもしれない。さらに，「空き巣の犯罪経歴」および「忍込みの犯罪経歴」をもたないことを予測する「逃走口を開放」は，「犯行時年齢」のモデルにおける解釈と同様に，窃盗経験の少ない被疑者が行いやすい行動と考えられる。

　以上のように，「空き巣の犯罪経歴」と「忍込みの犯罪経歴」ではいずれも窃盗経験の多少を反映した手口がモデルに多く含まれていることから，空き巣，忍込みともに常習性が増すことで，より効率的で犯行の発覚と検

挙されるリスクに配慮する方向へと手口が洗練化していくと考えられる。一方で,「空き巣の犯罪経歴」を予測するモデルと「忍込みの犯罪経歴」を予測するモデルには,互いに異なる説明変数が多く含まれていた。これは,空き巣と忍込みの犯行形態の違いを反映した結果と考えられ,同じ窃盗経験が豊富な被疑者であっても,その経験が空き巣と忍込みのどちらが主となるものかによって異なる手口の専門化が生じており,犯罪経歴の予測モデルに反映されたと考えられる。

　Santtila, Ritvanen, et al.（2004）の研究では,85の犯罪手口に主成分分析を適用して抽出した侵入窃盗における14の類型のうち,有意な説明変数として回帰モデルに含まれる類型の数が,年齢（11類型）において他の犯人属性（1～5類型）に比べて多く,類型ごとの考察では,被疑者の年齢と窃盗経験に基づく解釈が広く用いられていた。また,Santtila, Ritvanen, et al.（2004）は結果全体に関する考察として,抽出された侵入窃盗の類型が,プロフェッショナルから機会犯までの連続体上のものとして考えることができると述べている。

　本研究においても,有用性が高いモデルに含まれる犯罪手口の傾向として,Santtila, Ritvanen, et al.（2004）と同様に年齢と窃盗経験に関連する変数が多く含まれていたことは興味深い。高村・徳山（2006）において,住居対象侵入窃盗犯に対する数量化Ⅲ類で第1軸として窃盗経験が抽出されたこと,窃盗経験の軸に基づいて犯人属性を解釈した際に年齢的分析変数が大きく反映されていたことからも,日本の住居対象侵入窃盗犯における犯人属性と犯罪手口に共通する背景要因として窃盗経験と年齢が重要な役割を果たしていると考えられる。

　これらの背景要因は,前述した犯行テーマと類似した概念であり,犯罪行動の組み合わせによる犯人像推定においても,個人の行動特徴を規定する背景要因の重要性が示されたといえよう。しかし,本研究で示されたよ

うに，犯人属性の予測に寄与する犯罪手口は比較的少数であり，その組み合わせも犯人属性の種類によって異なる。したがって，予測する犯人属性にかかわらず常に多くの犯罪手口が利用される犯行テーマ分析とは異なり，個人内の一貫性が高い背景要因に規定される行動群の中から，予測する犯人属性に合わせて少数の犯罪手口を選択したことが，本研究において有用性の基準を満たすモデルが作成された背景として考えられるだろう。

成果の応用と展望

　本研究で有用性の基準を満たしたモデルは，分析対象事件の情報をモデル式にそのまま適用して予測を行うことが可能である。また，これらは背景要因（年齢と窃盗経験）を共有するモデルと考えられることから，実務場面において複数の犯人属性を同時に予測した際に，統一的な犯人像として理解しやすい推定結果となることが期待できる。しかし，犯罪捜査への活用を目的とした犯人像推定に応用する際は，分析対象事件と同地域のデータを用いて，モデルの検証や新たなモデルの作成をすることが望ましい。これらの手続きを行い，本研究のモデルと比較することで，その地域の住居対象侵入窃盗犯の特徴的な手口を把握できることも期待される。

　また，本研究は被疑者が検挙された事件のデータに基づいており，実用場面においては検挙されにくい被疑者による事件に対してモデルが適用されるケースが研究場面に比べて多くなると考えられる。検挙されにくい被疑者の場合，窃盗では逮捕のリスクを軽減するための方略の洗練化が進んでいる可能性が高い。しかし，今回のデータでも常習窃盗犯が一定数含まれていることから，検挙事件から構築されたモデルによる予測は有効と考えられる。ただし，安定した応用に結びつけるためには，長期間に渡って多数の犯行に及んでから検挙された被疑者のデータを収集してモデルを適用するなど，今後の検証が必要だろう。

本研究で設定した基準を満たすモデルが作成されなかった犯人属性については，2つの理由が考えられる。1つ目は，犯人属性と関連がある犯罪手口が少ないことである。これは，窃盗経験や年齢との関連が小さい犯人属性であることが背景として考えられ，そうした犯人属性に関する犯人像推定の潜在的な困難さを示しているともいえる。しかし，それらの犯人属性についても，窃盗経験や年齢以外の背景要因が存在すれば，同様の背景をもつ説明変数を用いることで予測できる可能性がある。したがって，この課題を克服する方法としては，本研究で説明変数として使用していない犯罪手口や，犯行の地理的・時間的な要素を検討することが考えられる。この方法にはより多くの説明変数が必要となるが，予測できる犯人属性を増やすことは重要な課題であり，検討する価値はあるといえる。

有用なモデルが作成されない2つ目の理由としては，今回検討した犯人属性には出現頻度の低いカテゴリ（たとえば，女性，精神的問題あり，被害者に関する知識あり）が多かったことがあげられる。たとえば，出現頻度がもっとも低かった「女性」では，サンプルは11名であり，このようなごく少数のデータから良好な予測モデルを構築することは難しい。したがって，こうした犯人属性についてより適切な検証を行うためには，出現頻度の低いカテゴリに該当する被疑者に範囲を限定してデータを収集し，その特徴を分析するなど，本研究とは異なる方法での検討を行うことで，予測に有効な変数を見出すことが期待される。

第3節 拠点推定モデルの実用性向上に関する研究（調査研究3）

第1項 研究の背景

　近年の日本において実務への応用が進められている幾何学領域モデル（サークル仮説，疑惑領域モデル）には，推定エリアが広くなる場合も多く被疑者の絞り込みが不十分となる傾向があること，先行研究が示すモデルの居住地含有率（研究に用いた解決事件の被疑者のうち，推定エリア内に居住していた者の割合）にばらつきが大きいことの2つの課題があげられる。推定エリアの広さおよびモデルの居住地含有率については，関連がある要因の1つとして犯行時に使用する交通手段が考えられ，交通手段を考慮した居住地推定を行うことで，狭い推定エリアと高い居住地含有率を両立する条件が見つかる可能性がある。

　そこで本研究では，日本における住居を対象とする連続侵入窃盗事件において，犯行時に使用する交通手段ごとに犯人属性および犯行地点の選択パターンとの関係を把握し，犯行地点間の距離による交通手段の予測と，交通手段ごとの拠点推定モデルの有用性を検討することで，交通手段の側面から居住地推定に関する有用な知見を見出すことを目的とした。

第2項 方法

データ

　郊外に位置する5つの県において，2004年から2010年までの間に，5ヶ所以上の住居を対象とする連続侵入窃盗事件に及んで検挙された187名に

関する事件資料を収集した。複数犯による事件の場合，主犯（または実行犯）とされている1名の資料を収集した。犯行に及んだ住居を計上する際，スプリー犯行◆26したものに関しては一連の犯行の中で最初に発生した1地点のみを計上し，犯行の順序が不明な場合は最初に記録されている1地点のみを計上した。また，スプリー犯行で計上されるべき住居がそれ以前の犯行で計上された住居と同じ家屋かマンション・アパートの同じ棟だった場合，次に発生，または記録されている地点を計上した。5地点に至るまでのいずれかの地点間に365日以上の犯行間隔がある場合，先に発生した地点以前の全地点を除外し，後に発生した地点を1地点目として5地点を計上した。

　一連の犯行で1種類の交通手段を使用した被疑者は155名（83%），複数の交通手段を使用した被疑者は32名（17%）であった。交通手段ごとの人数は，1種類のみ使用した被疑者では，自動車が90名（48%），自転車が38名（20%），徒歩が17名（9%），オートバイが5名（3%），公共交通機関が5名（3%）であり，複数使用した被疑者では，自動車・自転車が8名（4%），自転車・徒歩が5名（3%），自転車・公共交通機関が5名（3%），徒歩・公共交通機関が3名（2%），自動車・徒歩が3名（2%），自動車・オートバイが1名（1%），自転車・オートバイが1名（1%），自動車・自転車・公共交通機関が2名（1%），自転車・徒歩・公共交通機関が2名（1%），自動車・自転車・徒歩が1名（1%），自動車・徒歩・公共交通機関が1名（1%）であった。2010年の全国における交通手段別の検挙件数（警察庁，2010）は，自動車が46%，自転車が12%，徒歩・該当なしが35%，その他（公共交通機関等）が6%，オートバイが2%であり，自動車がもっとも多く，公共交通機関を含む項目とオートバイ

◆26　犯行に冷却期間がなく，短時間に複数の犯行に及ぶこと。田村・渡邉・鈴木・佐野・渡辺・池上（1998a，1998b）に従い，同じ日に2件以上の犯行に及んだものとした。

が少ないという全体的な傾向は本研究のデータと一致している。

手続き

犯人属性 犯人属性についての検討では，187名の交通手段と犯人属性に関する情報を対象として，交通手段ごとの犯人像を明らかにすることを目的とする。本研究では，交通手段と犯人属性との関連を検討した先行研究 (Farrington & Lambert, 2007; 財津，2010) を参考に以下の変数を使用した。交通手段に関する変数は，徒歩，自転車，自動車，オートバイ，公共交通機関の5変数である。犯人属性に関する変数は，性別（男性，女性），年齢（15歳～29歳，30歳～39歳，40歳～49歳，50歳以上），共犯形態（あり，なし），職業（有職，無職），婚姻歴（既婚，離婚，未婚），居住形態（住居不定，独居，親と同居，配偶者・子供と同居），学歴（中卒以下，高卒以上），精神障害・知的障害（あり，なし），犯罪経歴（なし，1件～4件，5件～9件，10件以上），被害者または犯行対象地域の知識（被害者に関する知識あり，現場付近の地理的環境に関する知識あり，被害者・現場に関する知識なし）の28変数である。

交通手段と犯人属性との間の関連を検討する方法には，コレスポンデンス分析 (Clausen, 1998)◆27と階層クラスター分析 (Aldenderfer & Blashfield, 1984)◆28を使用した。コレスポンデンス分析は，複数の変数群の関連性を分析する方法であり，平面上で，関連の強い変数同士を近く，関連の弱い変数同士を遠くに布置することで，全体の関連性について直感的な理解が容易となる。本研究では，主要な研究対象である交通手段以外の犯人属性の変数について，10％未満の生起率を目安として変数の選別を行い，生起頻度が10％未満である3変数（女性，精神障害・知的障害あり，被害

◆27 分析の詳細については，補章を参照。
◆28 分析の詳細については，補章を参照。

者に関する知識あり）を除いた，交通手段（5変数）と犯人属性（25変数）を分析に使用した。なお，交通手段と犯人属性によるクロス集計表を作成する際には，複数の交通手段を使用した被疑者は使用したすべての交通手段に重複して計上した。

　コレスポンデンス分析で得た第2次元までの寄与率の合計が90％を超えることから，第2次元までの値を用いて，階層クラスター分析により変数を分類した。分類の方法には，平方ユークリッド距離と Ward 法を用いた。

地理的パターン　犯行地点の選択パターンによる検討では，住居不定の被疑者，期間中に転居などによって居住地が移動した記録のある被疑者，および複数の交通手段を使用した被疑者を除いた103名の居住地（103地点）および5ヶ所犯行時点までの犯行地点（515地点）を対象とした。位置情報は，居住地のすべてと犯行地点の97％（499地点）が建物まで特定されており，犯行地点の3％（16地点）はブロックまで特定された情報である。被疑者ごとに居住地から犯行地点への移動距離（Residence-to-crime distance：515区間，以下 RCD）および犯行地点間の距離（Distance between offences：1030区間，以下 DO）を測定した後，RCD と DO について記述統計量を算出した。

交通手段の2分類（近隣型・広域型）の予測　実務への応用を考慮すると，DO から交通手段を予測する方法には，予測の機序が明確で，本研究の結果を新規のデータにより検証できる単純な方法が望ましい。先行研究から（Edwards & Grace, 2007; Kent & Leitner, 2007; van Koppen & Jansen, 1998），DO の記述統計量は，徒歩または自転車を使用する場合（以下，近隣型）に小さく，燃料や動力を要する交通手段を使用する場合（以下，広域型）に大きいことが予想される。そこで本研究では，DO の記述統計量（最大値，最小値，平均値，中央値，標準偏差）に基づく近隣型と広域

型の予測を検討した。各記述統計量の予測精度の評価には，ROC 曲線に基づいて算出した AUC および Youden index に基づく最適な判別基準により算出した判別的中率を用いた[29]。

拠点推定モデルの有用性　最後に，拠点推定モデルの有用性を交通手段の2分類で比較するため，分類ごとのサークル仮説および疑惑領域モデルの居住地含有率と，モデルに基づく円の半径の中央値を算出した。また，交通手段の分類ごとの比較では，DO と関連の強い推定エリアの広さが大きく異なると予想される。いかに狭い範囲に被疑者の居住地が高い確率で存在するかが重要である捜査支援への応用を考慮すると，大きさの異なる推定エリア間で居住地含有率を比較しても有用性の評価は難しく，むしろ，どの程度まで円を広げれば，居住地含有率が何％まで上昇するのかという情報の方が有用性の比較に適していると考えられる。したがって本研究では，通常の居住地含有率に加えて，段階的に設定した居住地含有率ごとに各モデルの半径を求めた。Figure 5 に，居住地含有率の各段階について

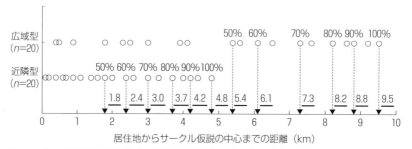

Figure 5．拠点推定モデルにおける居住地含有率ごとの半径の例
居住地含有率は50％から100％まで10％ごとに変動し，それぞれに対応する半径を求める。たとえば広域型の場合，図の左端から16番目のサンプルにおける住居からサークル仮説の中心までの距離（8.2km）を，居住地の80％を含む半径として仮定できる。

[29]　分析の詳細については，補章を参照。

拠点推定モデルの半径を求める過程を例示する。

第 3 項　結果

犯人属性

　交通手段（5 変数）と犯人属性（25 変数）によるコレスポンデンス分析の結果，第 1 次元（寄与率：0.63）と第 2 次元（寄与率：0.28）が得られた。第 1 次元は，犯罪経歴の件数と強い関連があり，有職，既婚，配偶者・子供と同居のスコアが高く，住居不定，無職のスコアが低いことから，犯罪性と関連するライフスタイルを示す軸であると解釈した。第 2 次元は，年齢と強く関連しており，婚姻経験，配偶者・子と同居のスコアが高く，親・兄弟と同居，未婚のスコアが低いことから，加齢によって変化するライフスタイルを示す軸であると解釈した。

　コレスポンデンス分析で得られた第 2 次元までのスコアを用いて交通手段（5 変数）と犯人属性（25 変数）に階層クラスター分析を実施した結果，4 つのクラスターが得られた。交通手段と犯人属性をコレスポンデンス分析のスコアをもとに平面上に布置し，階層クラスター分析によって得られた 4 つのクラスターを反映したものを Figure 6 に，交通手段と犯人属性のクロス集計表を Table16 に示す。自動車は，40 代，婚姻経験（既婚・離婚），比較的少ない犯罪経歴（なし・1 〜 4 件），有職，高卒以上，共犯者あり，配偶者・子供と同居の 9 つの属性と同じクラスター（Cluster 1）に分類され，第 1 次元，第 2 次元ともにやや高い位置に布置された。自転車は，30 代，男性，独居，精神障害・知的障害なし，土地鑑あり，単独犯，中卒以下，無職，未婚の 9 つの属性と同じクラスター（Cluster 2）に分類され，平面上の中心付近に布置された。徒歩とオートバイは，20 代以下，親・兄弟と同居，犯罪経歴 5 〜 9 件の 3 つの属性と同じクラスター

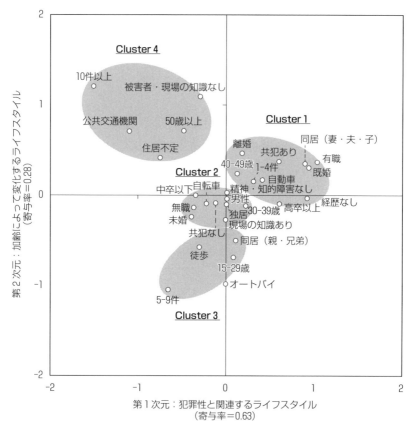

Figure 6. 2次元平面上の犯人属性と交通手段の関係 ($n = 187$)

（Cluster 3）に分類され，第2次元の低い位置に布置された。公共交通機関は，50代以上，犯罪経歴10件以上，住居不定，土地鑑なしの4つの属性と同じクラスター（Cluster 4）に分類され，第1次元が低く，第2次元が高い位置に布置された。

Table16. 交通手段ごとの犯人属性

犯人属性	交通手段					
	全サンプル $n=187$(%)	徒歩 $n=32$(%)	自転車 $n=62$(%)	自動車 $n=106$(%)	オートバイ $n=7$(%)	公共交通機関 $n=18$(%)
性別						
男性	181(97)	32(100)	60(97)	103(97)	7(100)	17(94)
女性	6(3)	0(0)	2(3)	3(3)	0(0)	1(6)
犯行時年齢						
15～29歳	53(28)	12(38)	17(27)	26(24)	3(43)	2(11)
30～39歳	55(29)	9(28)	17(27)	34(32)	3(43)	4(22)
40～49歳	37(20)	6(19)	11(18)	24(23)	1(14)	4(22)
50歳以上	42(22)	5(16)	17(27)	22(21)	0(0)	8(44)
共犯形態						
なし	153(82)	29(91)	53(85)	82(77)	6(86)	16(89)
あり	34(18)	3(9)	9(15)	24(23)	1(14)	2(11)
職業						
無職	133(71)	27(84)	49(79)	65(61)	7(100)	18(100)
有職	54(29)	5(16)	13(21)	41(39)	0(0)	0(0)
婚姻歴						
既婚	48(26)	5(16)	10(16)	37(35)	1(14)	1(6)
離婚	27(14)	2(6)	10(16)	17(16)	1(14)	3(17)
未婚	112(60)	25(78)	42(68)	52(49)	5(71)	14(78)
居住形態						
住居不定	56(30)	8(25)	24(39)	25(24)	2(29)	12(67)
独居	44(24)	9(28)	14(23)	26(25)	1(14)	2(11)
同居（親・兄弟）	51(27)	12(38)	16(26)	29(27)	3(43)	3(17)
同居（妻・夫・子）	36(19)	3(9)	8(13)	26(25)	1(14)	1(6)
学歴[a]						
中卒以下	83(44)	15(47)	34(55)	41(39)	3(43)	11(61)
高卒以上	68(36)	10(31)	14(23)	46(43)	4(57)	3(17)
精神障害・知的障害						
なし	181(97)	30(94)	59(95)	104(98)	7(100)	18(100)
あり	6(3)	2(6)	3(5)	2(2)	0(0)	0(0)
犯罪経歴						
なし	48(26)	3(9)	13(21)	33(31)	3(43)	0(0)
1～4件	84(45)	12(38)	26(42)	51(48)	1(14)	5(28)
5～9件	34(18)	13(41)	15(24)	13(12)	3(43)	4(22)
10件以上	21(11)	4(13)	8(13)	9(8)	0(0)	9(50)
犯行対象地域または被害者の知識[a]						
被害者に関する知識あり	9(5)	1(3)	1(2)	7(7)	1(14)	0(0)
現場付近の地理的環境に関する知識あり	133(71)	26(81)	48(77)	72(68)	6(86)	10(56)
被害者・現場に関する知識なし	36(19)	4(13)	9(15)	23(22)	0(0)	8(44)

Note. 複数の交通手段を使用した被疑者については，使用したすべての交通手段について重複して計上した
a) 欠損値を含む

地理的パターン

　交通手段ごとの記述統計量を Table17, 18に，距離区間（近隣型：1 km，広域型：5 km）ごとの各交通手段の居住地から犯行地点への移動距離（RCD）および犯行地点間距離（DO）の分布を Figure 7 に示す。

　RCD は，Figure 7 から，全体の半分以上（56％）が 5 km 未満であり，徒歩のすべてと自転車の95％，自動車の39％，オートバイの50％，公共交通機関の20％がこの範囲に含まれる。自動車・オートバイ・公共交通機関では中央値が 5 km 以上であり，最大値，平均値，標準偏差においても徒歩・自転車に比べて大きかった（Table17）。また，公共交通機関の最小値が他の交通手段に比べて特に大きかった。

Table17.　交通手段ごとの RCD 記述統計量（m）

記述統計量	交通手段				
	徒歩 $n=60$	自転車 $n=85$	自動車 $n=335$	オートバイ $n=20$	公共交通機関 $n=15$
最小値	19	96	17	50	3090
最大値	3068	6390	547593	89531	77838
中央値	687	1425	7337	5224	35307
平均値	830	1960	34630	14834	36140
標準偏差	700	1581	85659	25962	27163

Table18.　交通手段ごとの DO 記述統計量（m）

記述統計量	交通手段				
	徒歩 $n=120$	自転車 $n=170$	自動車 $n=670$	オートバイ $n=40$	公共交通機関 $n=30$
最小値	16	11	8	17	223
最大値	3435	9587	545429	121027	124396
中央値	640	1562	5931	2143	14031
平均値	768	2233	20739	18742	28689
標準偏差	684	1831	55689	38045	31938

第2章 実証的研究

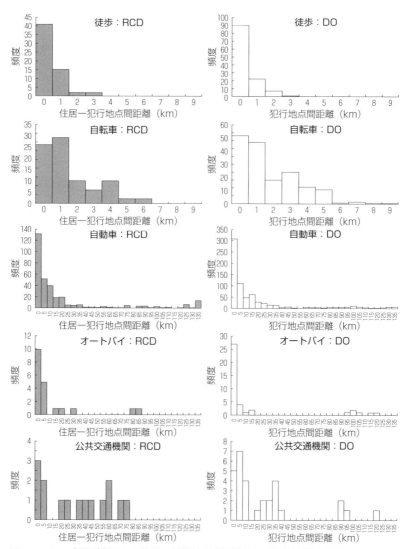

Figure 7. 交通手段ごとの住居－犯行地点間距離および犯行地点間距離

Figure 7 から，DO は RCD と同じく全体の半分以上（60％）が 5 km 未満であり，徒歩のすべてと自転車の91％，自動車の46％，オートバイの68％，公共交通機関の17％が含まれる。徒歩・自転車に比べて自動車・オートバイ・公共交通機関の最大値，中央値，平均値および標準偏差が大きい傾向も RCD と同様である（Table18）。

交通手段の2分類（近隣型・広域型）の予測

　Figure 8 に，DO の各記述統計量から交通手段の2分類を予測した場合の ROC 曲線を示した。各記述統計量の AUC◆30 はいずれも中程度の精度であり，近隣型・広域型の予測への有効性が示されたが，DO の最小値は他の記述統計量に比べてわずかに低い値だった。Youden index に基づく判別基準値は，最小値で0.6km（判別的中率：0.80），最大値で6.2km

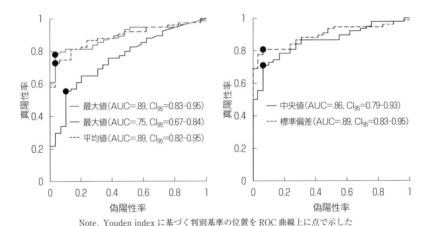

Note. Youden index に基づく判別基準の位置を ROC 曲線上に点で示した

Figure 8．犯行地点間距離の記述統計量ごとの ROC 曲線

◆30　Swets（1988）は，AUC の評価基準として0.50〜0.70を低いレベル，0.70〜0.90を中程度のレベル，0.90〜1.00を高いレベルとしている。

（判別的中率：0.91），中央値で3.4km（判別的中率：0.87），平均値で3.8km（判別的中率：0.90），標準偏差で1.9km（判別的中率：0.90）だった。したがって，被疑者が使用する交通手段は，DOの記述統計量が判別基準値以上である場合に広域型，判別基準値未満である場合に近隣型と推定することができる。

拠点推定モデルの有用性

各拠点推定モデルの居住地含有率と半径の中央値をTable19に示す。両モデルにおいて，広域型に比べて近隣型を使用する犯人の居住地含有率が高く半径の中央値が小さかった。また，サークル仮説に比べて疑惑領域モデルの半径の中央値が一貫して小さく，半径から面積を算出したところ，サークル仮説に対する疑惑領域の面積が近隣型を使用する犯人で48％，広域型を使用する犯人で56％小さかったのに対して，居住地含有率の低下は，近隣型を使用する犯人で23％，広域型を使用する犯人で12％だった。

50％から100％までの居住地含有率に対応する各モデルの推定エリアの中心からの半径をTable20に示す。すべての居住地含有率において広域型を使用する犯人の半径が近隣型を使用する犯人よりも大きく，半径の差は居住地含有率が上昇するにしたがって拡大した。

Table19. 交通手段ごとの居住地含有率と半径の中央値（km）

	サークル仮説	疑惑領域モデル	モデル間の含有率の差
全データ（$n=103$）	59.2%（4.4）	43.7%（3.0）	15.4%
近隣型（$n=29$）	72.4%（1.0）	48.3%（0.7）	23.3%
広域型（$n=74$）	54.1%（8.0）	41.9%（5.3）	12.2%

Table20. 交通手段ごとの居住地含有率に対応する半径（km）

	50%	60%	70%	80%	90%	100%
サークル仮説の中心						
近隣型 (n = 29)	1.3	1.4	1.6	1.8	2.2	3.8
広域型 (n = 74)	6.9	11.7	15.9	30.8	67.8	538.1
疑惑領域の中心						
近隣型 (n = 29)	0.9	1.2	1.5	1.8	2.3	4.0
広域型 (n = 74)	6.6	9.9	15.8	25.6	80.0	540.8

第4項　考察

交通手段ごとの犯人属性と地理的パターン

　本研究では，交通手段と犯人属性によるコレスポンデンス分析から，犯罪性と関連するライフスタイルと年齢と関連するライフスタイルという2つの次元が得られた。これらの次元は，交通手段と犯人属性の関係性を規定する潜在因子として解釈することができ，クラスター分析を同時に用いることで，犯人属性のグループを交通手段と関連づけて解釈することができる。

　徒歩は，親・兄弟と同居する20代以下の比較的若い被疑者に頻繁に選択される交通手段であり，居住地周辺の非常に狭いエリアで犯行に及ぶ頻度が高いといえる。居住地周辺のエリアはバッファー・ゾーン（Rossmo, 2000 渡辺監訳 2002）と呼ばれ，一般的に犯人が逮捕されるリスクを意識して犯行に及ぶ頻度が少ないとされる。したがって，リスクの高い居住地の近隣で犯行対象を選択する傾向から，比較的若い被疑者が多いにもかかわらず，ある程度の犯罪経歴（平均＝5.6件，標準偏差＝5.7）を重ねている可能性が考えられる。

　自転車は，土地鑑あり，中卒以下，無職，未婚などの生起頻度の高い属

性とともにコレスポンデンス分析による2次元平面上の中心付近に布置され，複数の交通手段を使用する被疑者の75%が自転車を使用していることから，ある程度の移動能力と維持のしやすさを兼ね備えた，多様な被疑者に選択されやすい交通手段といえるだろう。

　他の交通手段に比べて，自動車は有職で配偶者・子供と同居している被疑者に選択されやすいことから，学校を卒業後に就職，結婚，育児などを経験し，自立した社会生活を送っている被疑者の割合が比較的大きいと考えられる。先行研究（Snook, 2004）において，32歳以上の被疑者のすべてが犯行に自動車を使用していたと指摘されていることからも，入手や継続的な使用には安定した収入を得られる必要があるため，ある程度の年齢に達しているケースが多いと考えられる。

　オートバイは，自動車に比べて入手と維持が容易なことから，若い被疑者によって長距離移動の手段として選択されている場合が多いと考えられる。徒歩と同様，比較的若い被疑者が多いと思われるが，徒歩（平均＝5.6件，標準偏差＝5.7）に比べてわずかに犯罪経歴が少なく（平均＝2.3件，標準偏差＝2.6），犯行エリアの広さから逮捕リスクが低くなっている可能性が考えられる。

　公共交通機関を使用する被疑者については，長年犯行を繰り返しており，定住せず，犯行エリアや被害者に関する知識のない地域で犯行に及ぶ，高齢の職業犯罪者が多いといえるだろう。

　距離指標による交通手段の比較から，犯行地点は，徒歩と自転車が自宅周辺の狭いエリアに分布し，公共交通機関が自宅から一定以上離れた広いエリアに，自動車とオートバイが自宅周辺を含む広いエリアに分布する傾向がみられた。これは，近隣型を使用する犯人と広域型を使用する犯人の移動性の違いを反映した結果と考えられる。

　徒歩を交通手段として使用している被疑者が，自宅周辺の狭いエリアで

犯行に及んでいることは明らかである。自転車は，徒歩では時間のかかる数km程度の移動が容易であり，比較的犯行エリアを広げやすいが，広域型に比べると，徒歩と同様に自宅周辺の狭いエリアでの犯行パターンと解釈できる。

　移動能力の低い近隣型を使用する犯人に比べて，自動車を使用する犯人は，通勤や，営業・配送などの仕事で生活圏が広がっており，柔軟性の高い移動能力（Levine, 2009）を生かして，広い選択肢の中から好みの犯行対象を選択している可能性がある。オートバイの記述統計量は自動車のものと類似した傾向を示しており，駐車場所や細い脇道の多さなどの環境によっては自動車以上に柔軟性の高い移動も可能なことから，自動車と同様に自宅周辺から遠方までの広いエリアで犯行に及ぶ傾向があると考えられる。

　公共交通機関以外の交通手段を使用した被疑者では，いずれも70％以上が犯行エリアや被害者に関する知識を有していたのに対して，公共交通機関を使用した被疑者では，半数近く（44％）が犯行エリアや被害者に関する知識を有していなかった。また，自宅周辺からある程度離れた地域で犯行に及ぶことからも，日常的な活動領域で犯行対象を選択しているとは考えにくい。さらに，公共交通機関を使用した被疑者は全員が無職であり，車両の保有も困難といえる。そのため，日常的な活動は空間的に著しく縮小され，馴染みのない地域に乗り出す理由や資源もなく，職場や多くの娯楽の機会を含まないために，こうした犯人の認知地図は非常に小さいものになると考えられる（Chainey & Ratcliffe, 2005）。したがって，近隣の地域に関する十分な知識をもっていないために，より多くの利益とリスクの軽減につながると考えて，土地鑑のない比較的遠方の地域へ移動している可能性が考えられる（Van Daele & Vander Beken, 2011b）。

交通手段の2分類（近隣型・広域型）の予測

　犯行地点間距離（DO）の記述統計量による近隣型・広域型の予測精度については，ROC 曲線に基づく評価はおおむね良好であり，特に，最大値では Youden index に基づく基準値を用いた判別的中率がもっとも高かった（0.91）。前述の通り，DO の記述統計量は移動性の違いを反映する指標であり，最大値は移動性をもっとも単純に表す記述統計量である。したがって，最大値は近隣型と広域型を判別する際にもっとも有力な指標といえる。最大値が交通手段の種類によって変動する一方で，最小値は公共交通機関以外の交通手段において類似した傾向を示しているため，最小値の AUC がもっとも低い値になったと考えられる。平均値，中央値および標準偏差はいずれも最大値とともに変動する指標であるが，平均値と標準偏差は中央値に比べて外れ値の影響を受けやすいことから，わずかに AUC が高かった可能性がある。なお，分析者が捜査において近隣型・広域型の予測を行う際には，本研究で求めた判別基準値をそのまま使うのではなく，分析対象地域において発生した過去の事件から判別基準値を見出して用いるべきである点に注意する必要がある。

　実務場面では，複数の交通手段を使用する被疑者の事件が分析対象となることもある。このような場合，近隣型の交通手段のみを使用する被疑者と広域型の交通手段のみを使用する被疑者では，分析で用いた2条件と大きな違いはないと考えられるが，近隣型と広域型の両方の交通手段を使用する被疑者（混合型）は，近隣型の交通手段のみを使用するケースに比べて移動能力が飛躍的に上昇することから，犯行エリアが広域型の交通手段を使用する被疑者に近くなることが予想される。実際に，DO の最大値について，近隣型の交通手段のみ（34名），広域型の交通手段のみ（75名）および混合型（14名）の距離区間ごとの構成比率を比較すると，近隣型の

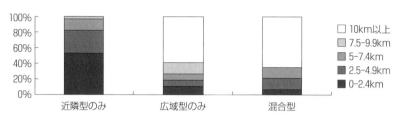
Figure 9．交通手段による被疑者の分類ごとの犯行地点間距離の最大値の構成比率

交通手段のみでは 5 km 未満の区間で80％を占めるのに対し，広域型の交通手段のみと混合型では 5 km 以上の区間で80％を占めている（Figure 9）。したがって，複数の交通手段を使用する被疑者を含む実務場面での分析において交通手段の予測を行う際は，近隣型の交通手段のみを使用する被疑者，および広域型の交通手段を使用することがある被疑者の 2 条件での予測を行うことが有効と考えられる。

加えて，広域型の交通手段を使用することがある被疑者のほとんどが自動車を使用していた（93％）ことから，予測結果が広域型の交通手段を使用することがある被疑者であった場合には，自動車を使用している可能性が高いといえるだろう。

拠点推定モデルの有用性

近隣型を使用する犯人において，サークル仮説および疑惑領域モデルの居住地含有率が全データにおける居住地含有率よりも高く，モデルの有用性が高まる可能性が示された。また，サークル仮説に対する疑惑領域の面積の縮小率（近隣型：48％，広域型：56％）に対して，居住地含有率の減少は比較的小さく（近隣型：23％，広域型：12％），疑惑領域がより効率的な推定エリアの絞り込みを実現していた。

しかし，狭い推定エリアと高い居住地含有率との両立を考慮した場合に

第 2 章　実証的研究

応用が期待できるのは，近隣型を使用する犯人にサークル仮説を適用した場合（半径の中央値：1 km，居住地含有率：72%）のみであると言わざるをえない。幾何学領域モデルの応用が難しい広域型を使用する犯人については，新たなモデルを考案する必要がある。近年，移動性の高い被疑者が犯行対象を選択する背景に着目した研究が数多く行われており（Polišenská, 2008; Van Daele, 2009, 2010; Van Daele & Vander Beken, 2009, 2010a, 2010b, 2011a, 2011b），それらの研究が広域型を使用する被疑者についての理解を広げることで，居住地推定に関する理論を発展させることになるだろう。

　各居住地含有率に対応する半径では，広域型を使用する犯人の居住地含有率が50%の時点ですでに 6 km 以上となるのに対して，近隣型を使用する犯人では100%の居住地含有率であっても 4 km 未満だった。近隣型・広域型の半径には顕著な差がみられ，近隣型を使用する犯人では，高い居住地含有率であってもモデルの種類にかかわらず一貫して狭い推定エリアを得られることが確認された。この結果は，各拠点推定モデルの推定規則に従って得られる幾何学的な領域を用いた場合の評価とは異なっており，幾何学領域モデルを検討する際には，モデルの推定規則に基づくエリアの居住地含有率での評価に加えて，より柔軟な方法で評価を行う必要性を示唆している。

　近隣型の使用が予想されるケースでは，幾何学領域モデルを応用して比較的狭い推定エリアで高い居住地含有率が得られ，交通手段の情報から被疑者の居住地に関するより有効な推定エリアが得られる可能性が示された。犯行地点の地理的パターンから近隣型・広域型の予測が可能なことも考慮すれば，幾何学領域モデルに交通手段の情報を援用することで，高い居住地含有率を維持しながら推定エリアの絞り込みを実現する可能性を示したといえるだろう。また，本研究のデータでは，近隣型を使用する被疑者の

83％が犯罪経歴を有していたことから，実務場面では，交通手段が近隣型と予測された場合に，推定エリア内に居住する犯罪経歴者の検索を行うことが，有効な手法と考えられる。

限界と展望

　本研究で用いたデータの基礎となる事件資料は，警察が行う捜査の中で得られた情報から作成されたものであり，被疑者が行った犯行のすべての場所が記録されていない可能性がある。そのため，各被疑者において初期の5つの犯行地点に関する完全な犯行パターンを再現できていない可能性がある。同様の理由から，Martineau & Corey（2008）が事件資料のような二次的なデータに対して評価の必要性を指摘している評定者間信頼性を，本研究のデータについて評価することはできない。

　また，本研究では，東京（人口密度：6015.7人/km^2）（総務省，2010）や大阪（人口密度：4669.7人/km^2）（総務省，2010）のような人口が集中する都市部ではなく，比較的郊外の地域（平均人口密度：282.6人/km^2）（総務省，2010）からデータを収集しており，公共交通機関の利用比率が比較的高い都市部（萩野谷，2014）に比べて，広域型の交通手段の構成比率が自動車に大きく偏っていた。したがって，特にサンプル数の少ないオートバイと公共交通機関の結果については参考にとどめるべきである。

　加えて，複数の要素が複雑に影響する移動コストの構造は地域ごとに異なっており（Levine, 2009），比較的安価な公共交通システムが広範囲で整備されている地域を対象とした研究では，居住地と犯行地点の地理的パターンが他の地域と異なることが指摘されている（Block & Bernasco, 2009; Van Koppen & Jansen, 1998）。Block & Bernasco（2009）は，都市部での主要な交通手段が自転車であり，金銭的コストがないに等しいこと，混み合った地域では時間的なコストが自動車やオートバイとそれほど変わ

Table21. 罪種ごとの交通手段の構成比率 (%)

	徒歩・該当なし	自転車	自動車	オートバイ	その他（公共交通機関等）
住居対象侵入窃盗	33.9	9.3	49.7	2.3	4.9
強盗	54.1	8.7	31.1	5.7	0.5
放火	73.9	11.7	12.4	0.9	0.9
性犯罪	62.1	8.9	25.5	2.9	0.7

Note. 警察庁（2010）をもとに作成

らないこと，駐車場所の問題がないことをその理由としてあげている。したがって今後は，電車やバスなどの公共交通機関が高度に発達し，住宅や商業施設が密集した都市部を対象とした研究を行うことで，より多くの地域で交通手段の情報が捜査支援に活用される可能性を検証することが期待される。

さらに言えば，犯行時に使用する交通手段の構成比率は罪種ごとでも異なっており，2010年の全国における交通手段別の検挙件数は，本研究が対象とした住居対象侵入窃盗に比べて，強盗，放火，性犯罪において「自動車」が少なく「徒歩・該当なし」が多い傾向にある（Table21）。そのため，罪種ごとに近隣型・広域型の比率も異なると考えられることから，本研究の成果を他の罪種へ拡張するためには，当然のことながら罪種ごとの検討が必要である。

また，罪種間で見られる交通手段の構成比率の違いは，「連続放火犯の場合，身体的・精神的な障害や重い持病をもつ者，無職者などの社会的弱者が主である（田村・鈴木，1997）」，「強姦などの比較的場当り的な犯罪よりも，強盗や侵入盗などのより計画的な犯罪の方が居住地から離れた場所で犯行に及びやすい（Rhodes & Conly, 1981）」といった犯人特性とも関連している可能性がある。たとえば，「連続放火犯は身体的・精神的特徴や収入の問題から自動車の保有が困難な状態にある場合が比較的多く，

徒歩や自転車で現場まで移動しやすい」,「より計画的な犯罪の方が広域型の交通手段を使用して居住地から離れた場所で犯行に及ぶことが多い」といったことが言えるかもしれない。したがって,罪種間で見られる交通手段の構成比率の違いには複数の背景要因(たとえば,職業の有無,犯行の計画性など)が影響している可能性が考えられることから,今後は犯行時に使用する交通手段について,犯人属性や犯行の地理的パターンを含めた検討を,複数の罪種にまたがって横断的に行うことも求められるだろう。

第4節　第2章のまとめ

　第2章では,各節において,第1章で提起した各分析手法の課題を検討した3つの調査研究について述べた。第2章第1節(調査研究1)では,英国において事件リンクへの有効性が検討されている,犯罪手口,地理的近接性および時間的近接性の3つのリンク特徴について,日本の住居対象侵入窃盗犯を対象とした検討を行った。その結果,英国の研究と同様に犯罪手口に比べて地理的近接性と時間的近接性の有効性が高いことが示され,先行研究の交差文化的な妥当性が示された。
　第2章第2節(調査研究2)では,住居対象侵入窃盗犯において個々の犯人属性の予測に有用な犯罪手口を選択し,それらの組み合わせによる予測を検討した。その結果,犯行時年齢,共犯形態,空き巣の犯罪経歴,忍込みの犯罪経歴の4つの犯人属性について予測に有用なモデルが作成され,それらのモデルに含まれる犯罪手口の考察から,犯人属性と犯罪手口に共通の背景要因として,窃盗経験と年齢が見出された。
　第2章第3節(調査研究3)では,日本で実用化が進められている幾何学領域モデルについて,犯行時の交通手段を応用した居住地推定手法の洗

練を検討した。その結果，犯行地点間距離の最大値から交通手段の分類（近隣型，広域型）を予測することで，犯人を，狭い推定エリアと高い居住地含有率が両立するためモデルの有効性が高い「近隣型」の交通手段を使用する者と，推定エリアが広く比較的低い居住地含有率となるためモデルの有効性が低い「広域型」の交通手段を使用する者に分類可能であり，第1章で指摘した幾何学領域モデルの2つの課題を克服できる可能性が示唆された。

　そこで第3章では，第2章で述べた調査研究のうち，もっとも実務への貢献が期待できる成果に基づいて開発した捜査支援ツールの概要を紹介し，調査研究4として新規データを用いたツールの検証を行う。

第3章

研究成果の実装
居住地推定支援プログラム（ORPP）の開発

　第2章では，犯罪者プロファイリングを構成する各分析手法について，実用性の向上の観点から実施した研究を述べた。これらの応用を意図した研究は，その成果を現場で使える捜査支援ツールとして提供することで，実務へ応用される可能性を検証できるとともに，実用性の向上に向けた課題の発見も期待できる。本章では，こうした考えを背景として調査研究3（第2章第3節）の研究成果に基づいて著者ら◆31が開発した，居住地推定支援プログラム（ORPP: Offender's Residence Prediction Program）を紹介する。第1節ではORPPの概要について，第2節ではORPPによる居住地推定の妥当性を検証した結果について述べる。

◆31　ORPPは，栃木県警察において橋本亮助氏（栃木県警察本部刑事部刑事総務課）と共同開発したプログラムである。

第1節　ORPPの概要

第1項　開発の背景

　近年，日本において実用化が進められている幾何学領域モデルは，推定エリアが広くなる場合も多く被疑者の絞り込みが不十分となる傾向があること，および先行研究が示すモデルの居住地含有率（研究に用いた解決事件の被疑者のうち，推定エリア内に居住していた者の割合）にばらつきが大きいことが課題としてあげられる。

　そこで調査研究3では，幾何学領域モデルの有効性と関連する要因として犯人が犯行時に使用する交通手段に着目し，幾何学領域モデルによる居住地推定の洗練化を目的とした研究を行った。調査研究3では，住居対象侵入窃盗を対象に，犯人の移動性との関連が強い犯行地点間距離（DO: Distance between offences）の最大値を説明変数として交通手段の分類（近隣型，広域型）を予測することで，犯人を，狭い推定エリアと高い居住地含有率が両立するためモデルの有効性が高い「近隣型」の交通手段を使用する者と，推定エリアが広く比較的低い居住地含有率となるためモデルの有効性が低い「広域型」の交通手段を使用する者に判別できる可能性を示している。したがって，幾何学領域モデルの有効性は犯人の移動性と関連があり，移動性の低い犯人ほど，居住地をより狭い推定エリアに絞り込めることが考えられる。また，調査研究3は，幾何学領域モデルの有効性を評価する方法として，モデルの居住地含有率による評価に加えて，拠点推定モデルによる推定エリアの中心地点から犯人の居住地までの距離（DRC: distance between residence to centre of residence prediction model）の累積相対比率を用いて，居住地含有率の分位点（エリア内に居住地が存在する割合について任意に選択した値に対応する半径）を設定することを提案している。居住地含有率の分位点は，過去の事件データに基づく DRC の分布をもとにしており，未解決事件の分析に適用することで，居住地含有率を統制した居住地推定が期待できる。

これらの成果は，幾何学領域モデルに基づく居住地推定において，犯人の移動性や居住地含有率の分位点といった過去の事件データに基づく情報の活用を提案するものであり，現在日本の警察で行われている捜査支援活動との親和性が比較的高く，捜査支援活動への応用可能性を検討する価値があると考えられる。そこで著者らは，調査研究 3 の研究成果に一部改良を加えた推定アルゴリズムに基づき，ORPP を開発した。

第 2 項　推定アルゴリズム

累積分布関数の作成

調査研究 3 の成果を捜査支援ツールとして実装するためには，推定規則について部分的な修正が必要である。まず，調査研究 3 では過去の事件データに基づいて DRC の累積相対比率から直接分位点を設定しているが，この方法では，ユーザーが理解しやすい形式で一定間隔の居住地含有率（たとえば，10％，20％，30％，…90％，100％）に対応する分位点を設定することが，サンプル数によっては難しい[32]。

この課題を克服する方法としては，DRC の累積相対比率の分布に近似する関数（累積分布関数）から，任意の居住地含有率に対応する分位点を

---

[32] たとえば，サンプル数が123のときに10％間隔の居住地含有率に対応する分位点を設定しようとした場合，完全に10％間隔で設定することはできず，実際には，10.6％，20.3％，30.1％，…90.2％，100％ のように，端数を含む居住地含有率から分位点を設定することになる。

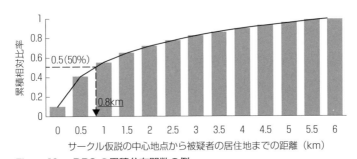

Figure10. DRCの累積分布関数の例

関数に任意の居住地含有率を代入することで，DRCの分位点を求めることができる。たとえば50％の居住地含有率に対応する分位点が0.8kmであれば，半径0.8kmの円内に50％の居住地を含むと仮定できる。

算出することが考えられる。たとえば，DRCの累積相対比率の分布からFigure10のような累積分布関数の曲線が得られた場合，50％の居住地含有率に対応する分位点（50％分位点）は0.8kmであり，半径0.8kmの円内に50％の犯人が居住すると仮定できる。また，複数の居住地含有率に対応する分位点を地図上に適用すれば，等値線に基づく居住推定エリアを提示することができる（Figure11）。

推定アルゴリズムの構築では，調査研究3の研究において，交通手段ごとの地理的パターンを分析するために使用した，1つの交通手段のみを使用した被疑者（$n = 103$），および交通手段の予測に関する考察で分析に追加された複数の交通手段を使用した被疑者（$n = 20$）を加えた123名を使用した。したがって，収集した123名は，2004年から2010年の間に，郊外の5つの県で5ヶ所以上の住居対象侵入窃盗に及んで検挙された者である。複数犯による事件の場合，主犯（または実行犯）として記録されている1名の資料を収集した。犯行地点を計上する際，スプリー犯行（犯行に冷却期間がなく，短時間に複数犯行に及ぶこと。田村他（1998a, 1998b）に従い，便宜的に2つ以上の事件を一日で行ったものとした）については，

第3章　研究成果の実装：居住地推定支援プログラム（ORPP）の開発

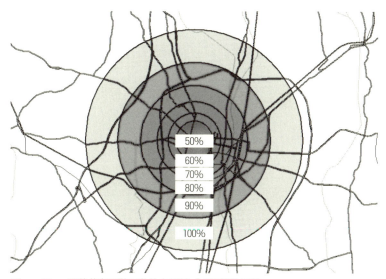

Figure11.　累積分布関数の分位点に基づく等値線の例

　全犯行中で最初に行った1地点のみを計上し，犯行の順序が不明の場合は最初に記録されている1地点のみを計上した。また，スプリー犯行で計上されるべき地点がそれ以前の犯行で計上された住居と同じ家屋かマンション・アパートの同じ棟だった場合，次に発生，または記録されている地点を計上した。5地点に至るまでのいずれかの地点間に365日以上の犯行間隔がある場合，先に発生した地点以前の全地点を除外し，後に発生した地点を1地点目として5地点を計上した。

　分析では，犯行期間中の居住地，および一連犯行の初期に行った5ヶ所の犯行地点の緯度経度を使用した。123名のDOの最大値およびDRCの分布を確認したところ，DOの最大値に対してDRCが極端に長い者や，DOの最大値が極端に長い者など，移動性の高い群が一部認められた（Figure12）。DOの最大値に対してDRCが極端に長い者は，言い換えれ

93

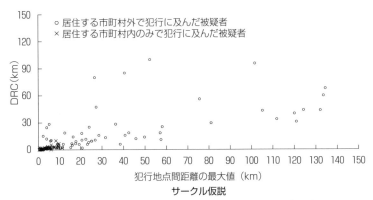

サークル仮説

Note. DRC または DO の最大値が150kmを超える者は除外した（$n = 5$）．

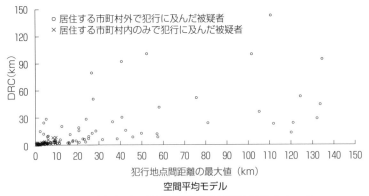

空間平均モデル

Note. DRC または DO の最大値が150kmを超える者は除外した（$n = 4$）．

Figure12． DRC と DO の最大値の関係（$n = 123$）．

ば，居住地から離れた犯行エリアへ通勤する傾向が特に高い被疑者といえる。また，DOの最大値が極端に長い者は，犯行エリアが特に広い被疑者といえる。

　推定アルゴリズムに使用するモデルには，サークル仮説に加えて，空間平均を利用したモデル（以下，空間平均モデル）を疑惑領域の代わりに用

第3章 研究成果の実装：居住地推定支援プログラム（ORPP）の開発

いた。空間平均モデルは，疑惑領域と同様に，モデルの中心地点と各犯行地点との平均距離を半径とした円内に犯人の居住地が存在すると仮定する。疑惑領域との違いは，中心地点として，重心の代わりに，犯行地点の緯度経度の平均値を取った空間平均を用いることであり，その簡便さから，日本の地理的プロファイリングにおいても活用例が多いモデルである。

累積分布関数の作成は，DRC の累積相対比率の分布に関数を近似して行った。DRC の累積相対比率のような距離の分布に適用できる関数は数多くあるが，なかでも実証的な研究が比較的多いものとして，対数と指数があげられる。

対数は，殺人犯（Canter & Hammond, 2006）や住居対象侵入窃盗（Hammond & Youngs, 2011）について，直線，二次関数および指数に比べて居住地から犯行現場までの距離分布への当てはまりのよいことが指摘されている。また，本稿で関数を作成する DRC は，犯行地点の位置情報に基づく幾何学領域モデルの中心を使用することから，対数は DRC の累積相対比率の分布にも良好に近似する可能性の高い関数と考えられる。

指数は，近年の居住地推定研究においてもっとも頻繁に用いられている関数である（Canter & Hammond, 2006; Ebberline, 2008; Hammond, 2014; Hammond & Youngs, 2011; Kent & Leitner, 2012; Kent, Leitner, & Curtis, 2006; Laukkanen et al., 2008; Levine & Block, 2011; Taylor et al., 2008）。Crimestat や Dragnet といった地理的プロファイリングシステムにおいても，指数はアルゴリズムの一部に採用されており，現在の地理的プロファイリングにおいてもっとも一般的な関数といえよう。

したがって，累積分布関数の作成では，対数と指数の2つの関数を，最小二乗法により DRC の累積相対比率の分布に近似した。最小二乗法は，測定値に対して曲線などの関数当てはめを行うときに残差の二乗和を最小とするような係数を設定する方法であり，外れ値の影響を強く受ける手法

である。したがって，すべてのサンプルから関数を作成した場合，特に移動性の高い者によって関数が歪められる可能性がある。そこで，推定アルゴリズムの構築では，123名のうち居住する市町村内のみで犯行に及んだ57名を抽出し，さらに1％水準の外れ値検定で検出された3名を除く54名を用いた。DRC の累積相対比率の分布に2つの関数を近似した結果，指数（サークル仮説：$R^2 = .832$, 空間平均モデル：$R^2 = .766$）に比べて対数（サークル仮説：$R^2 = .945$, 空間平均モデル：$R^2 = .975$）の当てはまりがよかったことから，対数をアルゴリズムに採用した。対数を DRC の累積相対比率の分布に近似して得られた累積分布関数を，Figure13に示す。累積分布関数は，（2）式で表される。

$$y = a \log x + b \quad (2)$$

このとき，x は DRC，y は半径 $x$km の居住推定エリアに犯人が居住する割合（居住地含有率），a は関数の傾き，b は関数の y 軸切片である。a および b は定数であることから，（2）式を変形して得られる（3）式によって，サンプル数に依存せず，任意の居住地含有率 y に対応する DRC の y ％分位点 x を求めることができる。

$$x = \exp\left(\frac{y - b}{a}\right) \quad (3)$$

なお，（3）式をプログラムに応用する際は，ユーザーの扱いやすさを考慮して，10％分位点から100％分位点までを10％間隔で求めた。

移動性による累積分布関数の調整

調査研究3では，犯行時の交通手段に着目し，移動性の異なる「近隣型」の交通手段を使用する者と「広域型」の交通手段を使用する者に分割して DRC の分位点を設定することで，移動性の低い近隣型を使用する犯

第3章 研究成果の実装:居住地推定支援プログラム(ORPP)の開発

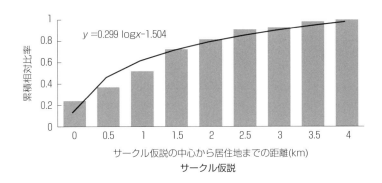

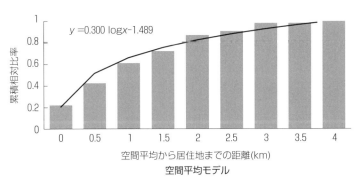

Figure13. DRCの累積相対比率と近似曲線 ($n=54$)

人群について狭い推定エリアと高い居住地含有率が両立する可能性を示している。これは,推定エリアの作成において犯人の移動性を考慮することの重要性を示すものと解釈できる。したがって,実際には犯人ごとに移動性が異なると考えられることから,犯人個人がもつ移動性に適した関数を設定することで,より個々の犯人に適した推定エリアを作成できる可能性がある。しかし,調査研究3の方法では,移動性を細分化するほど各群のサンプルは減少し,居住地推定の妥当性が低下する恐れがある。

この課題を克服する方法としては,個々の犯人について算出した移動性

のパラメータにより,累積分布関数を調整することが考えられる。累積分布関数において犯人の移動性との関連が高い指標はDRCである。また,DRCの算出に必要な犯人の居住地の位置情報を捜査段階で入手することは難しいが,調査研究3が移動性を反映する指標として交通手段を予測する説明変数に用いたDOの最大値によって,DRCの推定値を求められる可能性がある。したがって,DOの最大値から求めたDRCの推定値を移動性のパラメータとして,累積分布関数を調整することとした。

DRCとDOの最大値はいずれも犯人の移動性を反映する指標であり,サークル仮説 ($r = .710$, $p < .001$),空間平均モデル ($r = .625$, $p < .001$) のいずれの場合でも正の相関関係(直線的な関係)にあるといえる。したがって,DRCの推定値は,DRCとDOの最大値の散布図に近似する直線の(4)式により求めた。(4)式において,x_pはDRCの推定値,a_2は直線の傾き,dはDOの最大値,b_2は直線のy軸切片である。各モデルについて作成した式の説明率R^2は,サークル仮説が0.504,空間平均モデルが0.390だった。

$$x_p = a_2 d + b_2 \quad (4)$$

(4)式による推定誤差(DRCの真値 − DRCの推定値)は,いずれのモデルも0を中心とする正規分布に近い分布となった(Figure14)。分布の形状から,犯人の約50%が推定値以下のDRCと仮定される。そこで,推定アルゴリズムでは,犯人ごとにDRCの推定値を半径とした推定エリアで居住地含有率が50%となるように,累積分布関数を調整した。累積分布関数は,(2)式を変形した(5)式から求めた傾きaの補正値を,関数に代入することで調整した。0.5はyに代入した居住地含有率,bは(2)式と同じ値,x_pは(4)式から求めたDRCの推定値である。このとき,yとbは定数であることから,DRCの推定値が大きいほど累積分布関数の傾き

第 3 章 研究成果の実装：居住地推定支援プログラム（ORPP）の開発

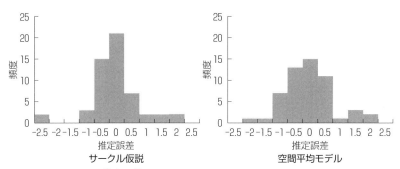

Figure14. DRC の推定誤差（$n = 54$）

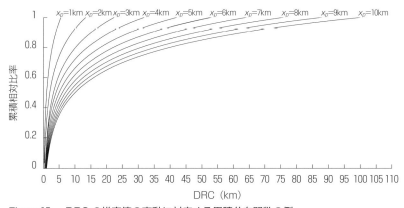

Figure15. DRC の推定値の変動に対応する累積分布関数の例

は緩やかになり，反対に，DRC の推定値が小さいほど累積分布関数の傾きは急になる。例として，DRC の推定値の変動に伴う累積分布関数の変化を Figure15 に示す。

$$a = \frac{0.5 - b}{\log x_p} \qquad (5)$$

第3項　プログラムの開発

　Microsoft Visual Basic for Application により，上記の推定アルゴリズムに基づく居住地推定支援プログラム（ORPP: offender's residence prediction program）を開発した。ORPP の操作手順を Figure16に示す。ORPP では，エクセル上で開いた入力シートに，同じ犯人による犯行と推定される連続事件の初期に発生した5地点の緯度経度を入力し，プログラムを起動する。起動したプログラムには，「シンプルモード」と「プロフェッショナルモード」の2つの機能が搭載されており，使用者の熟練度に応じて選択することができる。
　シンプルモードは，推定アルゴリズムの詳細を理解していないユーザーが，単純な操作で高い居住地含有率に対応する推定エリアを得るための機能であり，起動したプログラムの図形保存ボタンをクリックするだけで，空間平均の80％分位点を半径とする居住推定エリアが1つの図形ファイルとして保存される。
　プロフェッショナルモードは，推定アルゴリズムについてある程度理解したユーザーが，事件の特性に応じて推定条件を操作するための機能であり，2つの推定条件を任意に設定できる。ORPP には DRC の分位点（10％，20％，30％，…90％，100％◆33）の設定に必要な中心地点として「サークル仮説の中心」と「空間平均」の2種類が実装されており，1つ目の条件としていずれかを選択できる。また，プロフェッショナルモードでは DRC の分位点に基づく等値線で複数の居住推定エリアを作成するため，分位点の最小値を2つ目の条件として選択し，推定エリアの中心部分

◆33　「100％分位点」については，「必ず推定エリア内に犯人が居住する」という誤解をユーザーに与えることを避けるため，プログラム上では「90％〜」と表示している。

第3章 研究成果の実装:居住地推定支援プログラム(ORPP)の開発

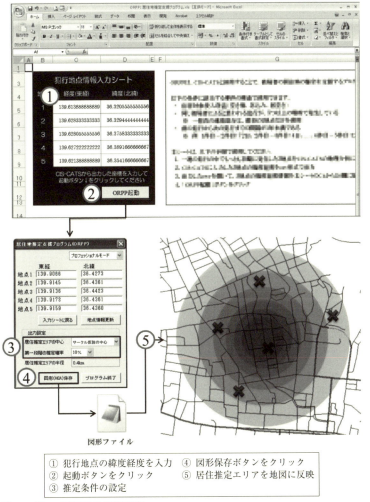

① 犯行地点の緯度経度を入力　④ 図形保存ボタンをクリック
② 起動ボタンをクリック　　　⑤ 居住推定エリアを地図に反映
③ 推定条件の設定

Figure16． ORPP の操作手順

となるエリアの広さを調節できる。プロフェッショナルモードから作成される居住推定エリアを応用すれば，単位面積あたりの居住地含有率が高く，捜査上有用性の高い中心部分のエリアから順次探索を進めることで，効率的な探索を行うことが期待される。

第2節　ORPPによる居住地推定の妥当性（調査研究4）

第1項　目的

ORPPによる居住地推定の妥当性について，アルゴリズム構築に用いていない新規のデータを用いた検証を行った。

第2項　方法

調査研究3（第2章第3節）が対象とした5つの県で2011年から2012年までの間に5ヶ所以上の住居対象侵入窃盗に及んで検挙された被疑者（45名）について，犯行期間中の居住地，および初期に犯行に及んだ5地点の緯度経度を収集した。複数犯の場合やスプリー犯行を含む場合，犯行間隔が1年以上空いた場合の扱いについては，アルゴリズム構築に用いたデータの収集基準に従った。なお，実務での分析を想定した検証を行うため，検証用のデータについては「居住市内のみで犯行に及ぶ」といった移動性に関する制限を設けず，外れ値検定も実施しなかった。

ORPPのプロフェッショナルモードにより，「サークル仮説の中心」および「空間平均」について，分位点の最小値を「10%」に設定し，居住推定エリアを作成した。内側のエリアから段階的に被疑者を探索した場合に，

第3章 研究成果の実装：居住地推定支援プログラム（ORPP）の開発

犯行期間中の居住地が含まれる最小の分位点を被疑者ごとに収集し，DRC の分位点ごとに検証データの居住地含有率を求めた。

第3項 結果と考察

検証データにおける DO の最大値および DRC の分布を Figure17に示す。検証データでは，サークル仮説と空間平均モデルの双方で，DRC または DO の最大値が100kmを超える者が2名いた。残りの43名（96%）については，DRC が30km 以下，DO の最大値が50km 以下の範囲に分布しており，アルゴリズム構築に用いたデータ（n =54）に比べてやや移動性の高い傾向がみられた。

検証データにおける DRC の推定誤差の分布は，いずれのモデルも0を中心とする正規分布に近い形状となったが，アルゴリズム構築に用いたデータ（n =54）に比べて幅広い値に分布していた（Figure18）。

DRC の分位点ごとに求めた検証データの居住地含有率を Table22に示す。検証データの居住地含有率は，サークル仮説と空間平均モデルの双方で，50%以下の分位点が示す居住地含有率を大きく下回っており，分位点が60%以上の場合に，分位点の居住地含有率と検証データの居住地含有率が近い値となった。

推定から漏れた者は，サークル仮説では0名であり，空間平均モデルでは100%分位点による等値線（半径：14.0km）の約1km外側に居住する者が1名（2%）いた。

ORPP の推定アルゴリズムは，過去の事件データに基づく DRC の累積分布関数を犯人の移動性により調整することで，幾何学領域モデルの手法を洗練し，居住地推定の有効性を向上させようとするものである。本稿では，推定アルゴリズムの構築では除外した移動性の高い被疑者を含む新規

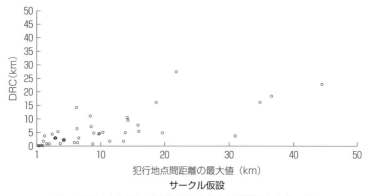

サークル仮説

Note. DRC または DO の最大値が50kmを超える者は除外した（$n = 2$）

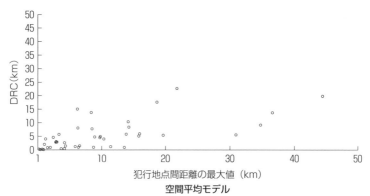

空間平均モデル

Note. DRC または DO の最大値が50kmを超える者は除外した（$n = 2$）

Figure17. DRC と DO の最大値の関係（$n = 45$）

データによる検証を行い，DRC の推定誤差の分布が0を中心とする正規分布に近い形状となったこと，および60％以上の場合に分位点の居住地含有率と検証データの居住地含有率が近い値となったことから，実務場面の居住地推定におけるアルゴリズムの妥当性が示唆された。

　このアルゴリズムによる居住地推定では，前述の幾何学領域モデルが抱

第3章　研究成果の実装：居住地推定支援プログラム（ORPP）の開発

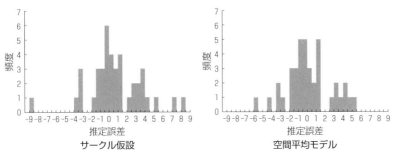

Figure18. DRC の推定誤差（$n = 45$）

Table22. ORPP による DRC の分位点ごとの検証データの居住地含有率

	10%	20%	30%	40%	50%	60%	70%	80%	90%	100%
サークル仮説	7 %	9 %	16%	24%	31%	56%	69%	84%	96%	100%
空間平均モデル	7 %	16%	22%	24%	36%	53%	64%	82%	93%	98%

える課題のうち，特に居住地含有率のばらつきが大きいことについて，居住地含有率を統制した居住地推定への改善が期待できる。一方で，推定エリアが広くなるケースの多いことについては，移動性の低い犯人に対する有効性は向上するものの，移動性の拡大にともなって累積分布関数による推定エリアも拡大することから，移動性の高い犯人に対して居住地をより狭い推定エリアに絞り込むことは期待できない。こうした限界は，犯行地点の位置情報のみに基づく居住地推定の中で精度を向上していくことの限界と考えられる。したがって，今後は，近年の研究で推定精度の向上に寄与する可能性が指摘されている，犯行対象の地理的分布と魅力度の偏り（Bernasco, 2007）や，分析対象事件の発生エリアで過去に犯行に及んで検挙された犯罪経歴者の居住分布（Block & Bernasco, 2009; Leitner & Kent, 2009; Levine & Lee, 2009）などの環境的な情報を同時に利用することで，移動性の高い犯人についても，高い居住地含有率を維持しながら推

定エリアを縮小していくことが求められるだろう。

　また，移動性の高い犯人の中でも，居住地から離れた犯行エリアへ通勤する傾向が特に高い者については，100％分位点の外側に居住するケースが比較的多いと考えられることから，アルゴリズムの適用が困難なケースといえる。実際に，検証データには，空間平均モデルにおいて100％分位点による等値線の外側に居住する者が1名含まれていた。この被疑者は，居住地からオートバイで隣接する市内へ移動して7件の犯行に及んでおり，犯行エリアの広さに対して居住地から犯行地点への移動距離が長かったために，居住地が100％分位点の外側に位置していた。また，この被疑者は居住する市内での犯行で過去に3回検挙された経験があることから，意図的に犯行エリアを隣接市内へ移行させた可能性が考えられる。したがって，分析対象の事件において常習性の高い手口が認められる場合には，過去の事件データに基づく推定から漏れる可能性が高まるといえよう。また，本稿の検証データでは確認されなかったが，犯人が居住地から離れた別の活動拠点（職場や友人宅など）を中心に犯行を展開する場合や，犯人にとって魅力的な犯行対象が居住地から離れたエリアに集中している場合にも，居住地から離れた犯行エリアへ通勤する傾向が高くなりやすいと考えられる。こうした通勤傾向の高いケースでは，エリアによる居住地推定の適用は難しい。したがって，犯行の手口や地理的特徴から通勤傾向の高い犯人を判別したり，犯行エリアに対する居住地の方角（どの方向から通勤しているのか）を推定したりするなど，これまでとは異なるアプローチを試みることが必要だろう。

　新規データによる検証では，実務場面において利用頻度が高いと思われる高い居住地含有率（60％以上）については含有率の誤差が小さかったものの，50％以下の分位点では，検証データの含有率が低かった。この理由の一つとしては，分位点の設定に使用した対数曲線が，アルゴリズムの構

第3章　研究成果の実装：居住地推定支援プログラム（ORPP）の開発

築に用いた2004年から2010年までのデータにおいて，50％以下の居住地含有率に対応する累積相対比率の分布をうまくとらえられていなかったことが考えられる。2つのモデルについて作成した累積分布関数では，累積相対比率が60％以下の部分について，曲線がヒストグラムのやや上側を通過しており，50％以下の分位点については，設定した値よりも低い居住地含有率になりやすい関数となっていた（Figure13）。したがって，低い累積相対比率においてより当てはまりのよい関数を作成することで，50％以下の分位点についても居住地含有率の誤差が縮小する可能性があるといえるだろう。また，本稿ではアルゴリズムの構築に用いたデータと検証データについてサンプリングの基準が異なることから，両者の間で異なる傾向が，50％分位点以下の検証データの居住地含有率に影響した可能性も否定できない。しかし，推定の過程では累積分布関数や犯人の移動性を推定する関数といった複数の数理モデルを経由することから，DRCやDOなどの傾向の違いを居住地含有率の変動と結びつけて論じることは難しい。今後，より妥当性の高い推定を実現するためには，推定の過程や得られた結果に関する解釈の容易さも重要である。したがって，今後開発される同種のプログラムでは，よりシンプルな推定アルゴリズムであることが求められるだろう。

第3節　第3章のまとめ

　第3章では，研究成果を実装した捜査支援プログラムと，その妥当性を検証した結果について述べた。第3章第1節では，調査研究3の研究成果に基づいて開発した居住地推定支援プログラム（ORPP）について，アルゴリズムの詳細と，開発したプログラムの操作手順を紹介した。

また，開発したプログラムを実務家へ提供するためには，その有効性を実証的に確認する必要があることから，第3章第2節（調査研究4）では，検証データを用いて居住地推定の妥当性を検証した。この研究では，推定アルゴリズムの構築に用いていない新規の検証データにORPPを適用し，実務での利用頻度が高いと思われる高い居住地含有率（60％以上）において検証データとの含有率の誤差が小さかったことから，実務場面の居住地推定に対する妥当性が示唆された。

　続く第4章では，本論文を総括し，今後の犯罪者プロファイリングの研究開発における包括的な課題と展望について考察する。

第4章
総括と展望

第1節　本論文の総括

　本論文では，第1章で犯罪者プロファイリングを構成する3つの分析手法（事件リンク分析，犯人像推定，地理的プロファイリング）について実用性における課題を提起し，第2章では，住居を対象とする侵入窃盗事件を対象として，各手法の課題の解決を目指した研究について述べた。また，第3章において，研究成果に基づいて開発した捜査支援プログラムを紹介し，その有効性について新規データを用いた検証結果を提示した。
　第1章では，犯罪者プロファイリングの歴史を概観し，現在の犯罪者プロファイリングにおける主要な3つの分析手法（事件リンク分析，犯人像推定，地理的プロファイリング）の概要と理論的背景について説明した後，各手法について住居対象侵入窃盗犯に焦点を当てた課題について述べた。特に住居対象侵入窃盗犯については，現在主流となっている統計的手法を中心とした犯罪者プロファイリングに適した性質をもっているにもかかわ

らず，他の犯罪に比べて研究知見が不足していることを指摘した。

第2章では，住居対象侵入窃盗犯における各分析手法の課題を検討した，3つの調査研究について述べた。調査研究1では，英国において事件リンクへの有効性が示されている，犯罪手口，地理的近接性および時間的近接性の3つの事件特徴について，日本の住居対象侵入窃盗犯に対する交差文化的な妥当性を検討した。その結果，先行研究と同様に犯罪手口に比べて地理的近接性と時間的近接性の有効性が高いことが示され，先行研究の交差文化的な妥当性が検証された。

調査研究2では，住居対象侵入窃盗犯において個々の犯人属性の予測に有用な犯罪手口を選択し，それらの組み合わせによる予測を検討した。その結果，犯行時年齢，共犯形態，空き巣の犯罪経歴，忍込みの犯罪経歴の4つの犯人属性について有用なモデルが作成され，犯人属性と犯罪手口に共通の背景要因として，窃盗経験と年齢が見出された。

調査研究3では，日本で実用化が進められている幾何学領域モデルについて，犯行時の交通手段を応用した手法の洗練を検討した。幾何学領域モデルには，推定エリアが広くなる場合も多く被疑者の絞り込みが不十分となる傾向があること，先行研究が示すモデルの居住地含有率にばらつきが大きいことの2つの課題があり，犯行地点間距離の最大値から交通手段の分類（近隣型，広域型）を予測することで，犯人を，狭い推定エリアと高い居住地含有率が両立するためモデルの有効性が高い「近隣型」の交通手段を使用する者と，推定エリアが広く比較的低い居住地含有率となるためモデルの有効性が低い「広域型」の交通手段を使用する者に判別できる可能性が示された。

第3章では，調査研究3の成果に基づいて開発した居住地推定支援プログラム（ORPP）について，推定アルゴリズムやプログラムの内容を紹介した。また，ORPPによる居住地推定の妥当性を確認するため，調査研究

4として，推定アルゴリズムの構築に用いていない新規の事件データにORPPを適用した結果，実務での利用頻度が高いと思われる高い居住地含有率（60％以上）において検証データとの含有率の誤差が小さかったことから，実務場面における妥当性が示唆された。

以上，本論文では，住居対象侵入窃盗犯に焦点を当て，分析手法の応用と実用性の向上に主眼を置いて展開した犯罪者プロファイリング研究について論述した。

第2節　犯罪者プロファイリングの心理学による理解

複数の調査研究について総合的な考察を加える際は，それらを内包する学問領域の枠組みの中で解釈することで，各研究の位置づけや先行研究との相互関係が理解しやすくなると思われる。また，犯罪者プロファイリングは学問的に心理学，精神医学，統計学といった行動科学に依拠しており，なかでも心理学との結びつきが強い領域である。

実際に，楠見（2013）◆34は，認知心理学の視点から犯罪者プロファイリングを理解するアプローチとして，人の認知過程や知識の形成に重要な役割を果たすとされる類似性と近接性の原理（楠見，2002）を用いて，犯罪者プロファイリングの基礎となる概念や手法を理解できる可能性を示している。

そこで本節では，犯罪者プロファイリングの基礎となる概念とそれらの構造について類似性と近接性の原理に基づく解釈を試み，見出された構造から，本論文で紹介した調査研究について，犯罪者プロファイリングにお

◆34　日本心理学会第77回大会企画シンポジウム「犯罪者プロファイリングと心理学の接点」での発表。

ける位置づけと先行研究との相互関係を考察する。

　まず，類似性の原理は，異なる犯人が似た属性をもつこと（属性の類似性）や，同じ犯人による事件間の犯罪行動の類似性（行動の一貫性），異なる犯人による事件間の犯罪行動の類似性（行動の識別性）といった概念に当てはめられる。また，近接性の原理は，複数の犯人属性（たとえば，「男性」，「50代」，「無職」）が1人の犯人において同時に生起すること（属性の共起性）や，複数の犯行現場間の地理的・時間的近接性などの概念に該当する。さらに，近接性において時間的連続性をもつ情報の場合は，知識の形成を支える時間的な近接性が依拠するスクリプトと文脈（楠見，2002）を，個々の事件における犯罪行動の順序（行動の文脈），事件を繰り返すことで固定化された犯罪行動（横田・渡辺，1998）の順序（行動のスクリプト），同一犯による一連事件の発生順序や時間間隔といった概念に当てはめることができる。こうして犯罪者について見出された類似性，近接性，スクリプトと文脈を構造化したものを Figure19 に示す。

　犯罪者における類似性・近接性構造（Figure19）は，研究知見の位置づけや他の知見との相互関係の理解に利用できると考えられる。たとえば，調査研究1で述べた事件リンク分析に関する研究では，英国において事件リンクへの有効性が示されているリンク特徴について交差文化的な妥当性を検証している。検証に用いたリンク特徴は，それぞれ，犯罪手口が事件間での行動の類似性（一貫性と識別性）を，地理的・時間的近接性が事件間での近接性を背景としたものであり，結果的に調査研究1は，事件リンク分析に関わる事件間の類似性と近接性を包括的に検討したものと解釈できる。

　調査研究2で述べた犯人像推定に関する研究では，個々の犯人属性と関連度の高い犯罪手口を抽出する方法で予測モデルを作成した。第1章で述べたとおり，犯行テーマ分析による犯人像推定では，前提となる高次の相

第4章 総括と展望

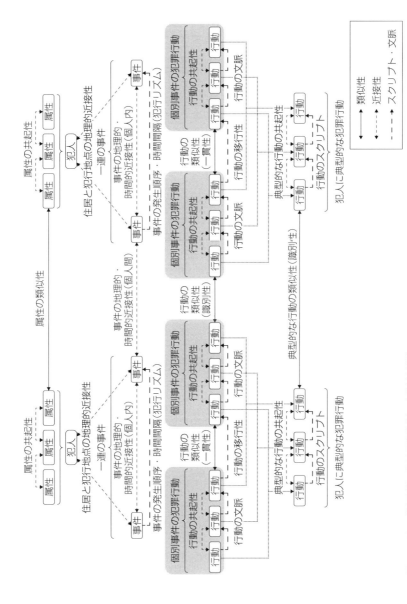

Figure19. 犯罪者における類似性・近接性構造

同仮説[35]を否定する知見が報告されており（Mokros & Alison, 2002），複数の研究において犯行テーマ間で犯人属性との関連度に明確な違いが見られないことが示されている（Canter & Fritzon, 1998; Doan & Snook, 2008; Häkkänen et al., 2004; Woodhams & Toye, 2007）。それに対して，個々の犯人属性と関連度の高い犯罪手口による犯人像推定については，先行研究（Fujita et al., 2013; Yokota et al., 2007）に加えて本論文の調査研究2においてもいくつかの有用な予測モデルが作成されており，いずれのモデルでも分析に用いた説明変数（50変数）の中から比較的少数の異なる説明変数の組み合わせ（5〜10変数）が選択されていた。以上のことから，犯人属性と犯罪行動における類似性・近接性の特徴として，犯人属性との関連度の高い行動が犯罪行動全体の中でもごく一部であり，その組み合わせも犯人属性によって異なることが考えられる。したがって，こうした特徴をもつ犯罪行動や犯人属性の類似性・近接性のとらえ方として，低次の相同仮説[36]を前提とする個々の犯人属性と関連度の高い犯罪手口を抽出する方法の方がより適していたのかもしれない。

　調査研究3で述べた地理的プロファイリングに関する研究では，犯行時の交通手段の類型を識別することで，幾何学領域モデルが有効なケースと有効でないケースを判別できる可能性を示した。幾何学領域モデルは，「犯人の生活圏と犯行エリアが地理的に重なる」という住居と犯行地点の地理的近接性に関する前提から，個人内における事件間の地理的近接性を背景として，犯行の地理的分布に基づく幾何学的な領域に犯人が居住すると推定する。また，犯行時の交通手段は，同じ交通手段を選択する犯人群（個人間での行動の類似性）に，それに対応する犯行の地理的分布がある（個人間での行動の類似性）ことを前提として取り入れられている。した

◆35　犯人属性が全体的に類似している犯人達ほど，犯罪行動の全体的な類似性が高い。
◆36　個々の犯人属性と犯罪行動の間になんらかの相関関係がある。

第4章　総括と展望

がって調査研究3は，従来から居住地推定に用いられてきた地理的近接性に加えて，犯行の地理的分布との関連が指摘されていた犯罪行動の情報を加味することで，拠点推定モデルの洗練を検討したものと解釈できる。

第3節　今後の課題と展望

前節において提案した犯罪者における類似性・近接性構造は，研究領域の中で知見が不足している部分を発見する手がかりとしても利用できると考えられる。そこで本節では，犯罪者における類似性・近接性構造に基づき，犯罪者プロファイリングの分析手法における包括的な課題と展望について考察する。

まず，事件リンク分析について見ると，これまでに事件間での行動の類似性（行動の一貫性と識別性）と近接性（地理的・時間的近接性）はおおむね研究対象とされているが，時間的連続性をもつスクリプトと文脈を考慮した研究は少ない。

事件リンクに重要な時系列の情報としては，犯罪手口では手口の移行性（事件間の行動の移行性）が考えられる。手口の移行は，犯罪行動の一貫性への影響が指摘されている学習と熟達化（Woodham et al., 2007），犯行目的や精神状態の変化（Salfati & Bateman, 2005）などを背景に生じると考えられる行動の時系列変化であり，手口の移行パターンに関する知見が充実することで，一連事件の中で手口が移行する被疑者に対する事件リンクの精度が向上する可能性がある。

地理的・時間的近接性についても，時間的な連続性（個人内での事件の発生順序・時間間隔）を考慮する意義は大きい。地理的近接性では，たとえば「現金を窃取できない未遂事件が連続した地域ではその後の犯行頻度

115

が減少する」,「特定の地域で魅力的な対象が減少すると新たな地域に犯行エリアを拡大する」などの地理的な移行性に関する仮説について検討することができる。同様に時間的近接性ついても,「多額の現金を窃取した事件では次の犯行までの期間が延長する」などの犯行リズムの変化に関する仮説の検証が可能である。

　加えて,事件リンク分析に関する研究では,犯罪手口における類似性（一貫性と識別性）のとらえ方についても再考が必要である。たとえば調査研究1では,英国の研究成果の交差文化的妥当性を検討するため,先行研究を参考に分析に用いる犯罪手口を選択した。しかし,調査研究1で用いた犯罪手口領域（犯行対象,侵入方法,目的物）やそれらを構成する個々の犯罪手口が,事件リンクの前提となる行動の一貫性と識別性を十分に考慮して選択したものとはいえない。また,一貫性や識別性の低い犯罪手口を含めた行動群の類似性を1つの類似度（たとえば,Jaccard係数）にまとめた場合,第1章での犯行テーマを用いた犯人像推定に関する指摘と同様に,事件リンクに有効な犯罪手口の効果をそれ以外の有効でない犯罪手口によって覆い隠してしまう可能性がある。したがって,今後は一貫性と識別性を考慮して抽出した行動群による事件リンクを行うことで,犯罪手口の有効性が向上する可能性を検討する必要があるだろう。

　犯人像推定については,低次の相同仮説に依拠する方法が比較的有効であり,個々の犯人属性と関連度の高い犯罪手口による予測モデルを,先行研究が検討した殺人（Fujita et al., 2013）や性犯罪（Yokota et al., 2007）,調査研究2で検討した住居対象侵入窃盗以外の犯罪でも構築していくことが重要である。

　しかし,調査研究2で示したように,個々の犯人属性と犯罪手口の関連に基づいて有効な予測モデルが作成されるのは,一部の犯人属性のみである。したがって,より多くの犯人属性で有効な予測モデルを構築するため

第 4 章 総括と展望

には，既存の研究が用いていない新たな犯罪手口を収集して属性との関連を検討することや，犯人像推定への応用例が少ない犯行地点間距離の記述統計量のような事件間の地理的近接性の利用を検討することも必要である。

　また，スクリプトと文脈の要素を取り入れれば，行動のスクリプトや犯行リズムのパターンをカテゴリ化することで，犯人像推定に有効な変数が見出される可能性もある。たとえば行動のスクリプトについては，一連の犯行を「対象の物色→侵入口の選択→侵入→物色と窃取→逃走口の選択→逃走」という流れで行う被疑者もいれば，「対象の物色」と「侵入口の選択」を同時に行う者や，「逃走口の選択」を「物色と窃取」の前に行う者など，多様なスクリプトが存在すると考えられる。犯行リズムについても，1件ずつ数日の間隔を置いて行う被疑者もいれば，1日の間に数件の犯行に及ぶ被疑者もいる。さらに言えば，事件リンク分析に関する展望で述べた手口の移行パターンなども，犯人属性の説明変数として利用できるかもしれない。

　このように低次の相同仮説に依拠した犯人像推定が発展していく場合，犯人像推定における犯行テーマ分析の位置づけも変化する可能性がある。前述の Mokros & Alison (2002) による研究や，調査研究2における犯人属性の予測に寄与する犯罪手口が比較的少数であるという結果から，犯行テーマ分析による犯人像推定が仮定する高次の相同仮説を支持することは難しい。しかし，調査研究2で示されたように，犯人属性を予測する犯罪手口の選択においても，犯人属性と犯罪手口に共通する背景要因は重要な役割を果たしていると考えられる。したがって，今後は犯人属性の予測モデルを構成する犯罪手口を統合的に理解する際の根拠となる背景要因を提供することが，犯行テーマ分析における重要な役割の1つとなるだろう。

　地理的プロファイリングでは，調査研究3で行ったように，犯行の地理的側面との関連が強い典型的な犯罪行動を付加的に用いる方法も有効と考

117

えられるが，犯行地点の地理的パターンについても，近接性のとらえ方において再考の余地がある。第1章で述べたとおり，日本の犯罪捜査では，主に推定プロセスが単純で実装も容易な幾何学領域モデルについて，実用化と研究が進められている。そのため，本論文においても研究成果の実装のしやすさを考慮して，幾何学領域モデルに関する調査研究を取り上げた。しかし，調査研究3において幾何学領域モデルが有効な近隣型のみを使用する被疑者は全体の約30％であり，モデルを洗練化することで，かえって大部分の事件では幾何学領域モデルによる居住地推定が困難であることが示唆されている。

前述のとおり，幾何学領域モデルは，「犯人の生活圏と犯行エリアが地理的に重なる」という住居と犯行地点の地理的近接性に関する前提のもと，事件間の地理的近接性を背景として，犯行の地理的分布に基づく幾何学的な領域に犯人が居住すると推定する手法である。また，欧米を中心に研究が行われている空間分布法についても，犯行地点分布の幾何学的情報を解析する点においては幾何学領域モデルと同様である。

これらの手法は，犯行の幾何学的情報からもとめた単一の領域や地点を拠点推定の結果として出力するため，犯行地点の空間分布（事件間の近接性）を単純化しすぎていることが課題としてあげられる。たとえば，同一犯と推定した一連事件において犯行の集中するエリアが複数認められる場合，幾何学領域モデルでは，それらを囲む大きな領域を定めるだけで，領域内での拠点確率は考慮しない。また，空間分布法では，犯行が集中するエリア同士の間に単一の地点を定めるのみである。したがって，いずれのモデルにおいても推定結果を用いて効率的に被疑者の検索が実施できるとは言いにくい。

これらに対して確率距離法は，対象領域をメッシュに分割し，犯行地点からの距離減衰に基づく確率分布図をすべての犯行地点に対して作成して，

それらの拠点確率分布から合成確率分布図を作成する手法である。推定結果は単一の領域や地点ではなく確率分布図で得られることから，犯行地点の空間分布（事件間の近接性）がより精密に表現されると考えられる。また，拠点が存在する可能性の高い複数の領域を推定することもできるため，他の手法に比べて効率的な被疑者の検索が期待できる。したがって今後は，日本の犯罪データに対して確率距離法の有効性を検討する必要があるだろう。

また，他の分析手法と同様に，地理的プロファイリングにおいてもスクリプトと文脈に関する知見は少ない。地理的プロファイリングでは，特にスプリー犯行（犯行に冷却期間がなく，短時間に複数の犯行に及ぶこと）における犯行地点の時系列的位置関係について，有効な情報となる可能性が指摘されている（花山, 2010）。

花山（2010）は，店舗強盗犯が行ったスプリー犯行について，犯行地点間距離の最大値が 2 km 未満の被疑者（犯行エリアが狭い被疑者）では，1 件目に居住地周辺で犯行に及び，2 件目に自宅から離れた地点で犯行を行う傾向があること，また，犯行地点間距離の最大値が 2 km 以上の被疑者（犯行エリアが広い被疑者）では，最初に自宅から離れた地点で犯行に及び，2 件目に居住地周辺で犯行を行う傾向があることを示している。

しかしながら，先行研究において取り上げられるスプリー犯行は，殺人や放火といった犯罪の犯人像を解釈するための手口の 1 つとして扱われることが多いため（Douglas et al., 2006; Palermo, 2007; Wachi et al., 2007），今後は地理的プロファイリングへの応用に関する検討をさらに進めていくことが必要だろう。

本章で述べた各分析手法の展望に共通していえることは，類似性・近接性についてそのとらえ方を考慮する必要があること，およびスクリプトと文脈に関する知見が少ないことである。

類似性・近接性のとらえ方については，いずれの分析手法においても実用性の向上を図る上で重要な要素として述べた。たとえば事件リンク分析では，これまでに事件間での行動の類似性（行動の一貫性と識別性）と近接性（地理的・時間的近接性）はおおむね研究対象とされてきたが，特に犯罪手口について，分析に使用する変数を選択する際に行動の一貫性と識別性が十分に考慮されていないことを指摘した。

　犯人像推定では，犯人属性と犯罪行動における類似性・近接性について「犯人属性との関連度の高い行動が犯罪行動全体の中でもごく一部であり，その組み合わせも犯人属性によって異なる」という特徴が見出され，犯人属性と犯罪行動の全体的な類似性を前提とする犯行テーマ分析による方法に比べて，個々の犯人属性と関連度の高い犯罪手口を抽出する方法が，この特徴により適していた可能性を提起した。

　地理的プロファイリングでは，本論文が研究対象とした幾何学領域モデルが犯行地点の空間分布（事件間の近接性）を単純化しすぎていることを指摘し，犯行地点の空間分布をより精密に表現できると考えられる確率距離法について，有効性を検討する必要性を提起した。

　類似性と近接性は，各分析手法の基礎的な概念として多くの研究で扱われてきたものであり，そのとらえ方についても多様なアプローチが展開されている。したがって今後は，類似性と近接性をどういった形で分析に取り入れるのか（たとえば，コード化，変数選択，統計モデルなど）について，論理的な根拠に基づく選択を行う重要性がさらに高まると考えられる。さらに言えば，犯人像推定における地理的近接性（たとえば，犯行地点間距離の記述統計量）や，地理的プロファイリングにおける犯罪手口の類似性（たとえば，交通手段）のように，これまでにあまり検討されていない類似性・近接性の利用方法についても，研究を進める必要があるだろう。

　本章で見出された類似性，近接性，スクリプトと文脈のうち，もっとも

第4章 総括と展望

　知見が不足しているのはスクリプトと文脈である。スクリプトと文脈は，行動とその行動が選択された背景との因果関係を理解するときの基礎となる情報であり，犯罪者プロファイリングにおいても重要な要素といえる。それにもかかわらずスクリプトと文脈が研究対象とされにくい理由としては，犯罪者プロファイリングが扱うデータの性質的な問題が考えられる。たとえば，警察において作成される被疑者や事件に関する資料は捜査で判明した事項のみを記載していることから，個々の被疑者が行ったすべての行動を網羅していない可能性がある。また，事件ごとに被疑者の行動の順序が常に客観的な方法で把握できるわけではない。そのため，スクリプトと文脈に関連した被疑者の行動は，正確に把握することが比較的難しい情報といえる。

　スクリプトと文脈に関する知見が少ないことは，連続事件の犯人が次（または将来）に犯行に及ぶ場所や時期に関する予測（犯行予測）の理論やモデルに関する研究が少ないこと（財津，2011）にも通じると考えられる。

　犯行予測は，本研究では調査研究として取り上げていないが，予測結果を捜査に活用することで，被疑者の現行犯逮捕や連続事件の発生の抑止に結び付く可能性のある重要な分析である。犯行予測では，主に同一犯と推定した連続事件に関する犯行の発生場所や発生時期を推定することから，犯行の地理的方角の一貫性（Barker, 2000; Goodwill & Alison, 2005）や犯行の時間間隔（財津，2008）などの，過去の犯行に関する時系列的な位置関係，および時間間隔の変化を推定に用いることが自然と考えられる。

　したがって，犯行予測について応用へとつながる知見を得るためには，暗数化しにくく比較的検挙率の高い犯罪についてスクリプトと文脈に関する情報を収集し，他の罪種にも一般化可能なモデルの構築を進めていくのが望ましいと考えられる。

抽象化の水準	原理と構造	推論
モデル	「理論」	MBR
↑ 結合，体系化		
ルール	if-then 関係	RBR
↑ 帰納		
プロトタイプ	カテゴリとスクリプト	PBR
↑ 帰納		
事例	類似性と隣接性	CBR
（原経験）	知覚的特徴　手がかり，文脈	

Figure20．類似性と近接性に基づく知識の階層（楠見，2002，p.6,図1をもとに作成）

　以上で述べた実用的な予測モデルの構築に重点を置く展望は，心理学的概念を背景とする理論の構築を軽視するものではない。むしろ，実用性の高い予測モデルを充実させることで，予測の機序を説明する理論への展開を促進しようとするものである。

　前出の楠見（2013）では，類似性と近接性を説明原理とする知識形成の帰納的プロセスのモデルの中で（Figure20），犯罪者プロファイリング研究の現状を4つの水準に分けて把握できる可能性を示している。このモデルでは，知識が形成されるプロセスを，類似性や近接性を原理として，具体的経験がボトムアップに抽象化される過程として表している。

　そこで本論文においても，このモデルを犯罪者プロファイリングに適用することで，研究領域全体の展望についての考察を試みる。まず，第1の水準では，犯罪行動や犯人属性に関する類似性と近接性の事例的知識が蓄積される。第2の水準は典型例としてのプロトタイプであり，手口や犯人属性の類似性・近接性から犯行テーマや犯人属性の類型といった典型的な犯人像（カテゴリ）が形成され，時間的連続性をもつ情報は，手口の移行

性や時系列的な犯行地点の選択パターン（スクリプト）として表象される。第3の水準は，「もし〜ならば〜せよ」という if-then 形式の規則（プロダクション・ルール）であり，統計モデルなどのルールに含まれる説明変数の値に基づいて，目的変数が予測される。最後に第4の水準のメンタルモデルは，犯罪者プロファイリングにおける事例，プロトタイプ，ルールを統合，体系化した理論に相当する。

近年の研究では，各種犯罪の典型的な犯人像に関する知見が増加し，捜査支援システムの開発に通じる実用的な統計モデルの構築が進められている。このことから，現在の犯罪者プロファイリングは，知識の階層においてプロトタイプの充実とルールの蓄積を進める段階にあると考えられる。したがって，今後は第2，第3の水準の知識の充実を図り，それらの統合と体系化による現実のデータと整合した理論構築を目指すことで，犯罪者プロファイリングが予測精度と学問的背景の両立する技術として発展していくことが期待される。

第4節　捜査支援のさらなる発展を目指して

本論文は，実証的な研究を通して実用性の向上に向けた課題の克服を検討するとともに，研究成果の実装と現場への提供を行うことの重要性を強調するものである。

犯罪者プロファイリングに関する研究開発は，これまで主に実務家による分析や意思決定を支援するソフトウェアの開発を中心として進められてきた。こうしたソフトウェアの開発は，捜査支援を行う実務家の要求分析に基づき，科学捜査研究所の心理担当者と警察の内外で活動するシステムエンジニアが共同で行うことが多いと考えられる。この方法の問題点とし

て，研究開発に関わる科学捜査研究所の心理担当者とシステムエンジニアの両者ともに実際の捜査経験がほとんどないことがあり，主なユーザーとして想定される捜査部門の警察官がソフトウェアに求めるイメージを，開発の計画段階から完全に把握することは難しい。

したがってこのような開発環境では，最初から完全なソフトウェアを作ろうとするよりも，開発途中の段階で実際に動作するものをユーザーに提供し，フィードバックを取り入れた開発と更新版の提供を繰り返すことで，理想的なソフトウェアを一緒に作り上げていく手法が適していると考えられる。このような開発手法は一般的に「アジャイル開発」と呼ばれ（前川・西河・細谷, 2013），第3章で紹介した居住地推定支援プログラム（ORPP）も，この手法を参考に部分的な機能を実装したプログラムとして開発したものである。今後は，こうした効率的な手法によって，犯罪者プロファイリングの知見に基づくソフトウェア開発を積極的に進めることも重要となるだろう。

ただし，効率的に研究成果の実用化を進めることが，自動的に被疑者を割出すシステムの構築を目指すものでないことは留意すべき点である。犯罪者プロファイリング研究の知見に基づいて開発される捜査支援プログラムは，一般的に「意思決定支援システム」と呼ばれ，犯罪情報の体系化と分類を行うことで，事件に対する理解の促進と捜査における意思決定の支援を目指すものである（Canter & Young, 2011）。したがって，犯罪者プロファイリングの知見に基づく「意思決定支援システム」が出力する結果については，アルゴリズムの理論的背景について理解した上で活用されることが望ましい。そのため，犯罪行動に関する理論やモデルの構築を担う科学捜査研究所の心理担当者には，理論的な背景について解説した資料の提供も求められるだろう。

また，近年ソフトウェア開発以外で研究成果を現場へ提供する方法とし

て，警察職員を対象とした講義に活用することが提案されており（Canter, 2000; Santtila, Ritvanen, et al., 2004），地理的プロファイリング（Bennell, Emeno, Snook, Taylor, & Goodwill, 2009; Bennell, Snook, Taylor, Corey, & Keyton, 2007; Paulsen, 2006b; Snook, Canter, & Bennell, 2002; Taylor, Bennell, & Snook, 2008）や事件リンク分析（Bennell, Bloomfield, Snook, Taylor, & Barnes, 2010）において，推定規則のトレーニングを受けた人間による推定精度と統計的分析やソフトウェアによる推定精度を比較した研究が行われている。これらの多くは，犯罪捜査の実務場面に比べて推定に利用できる情報が非常に少ない条件下での実験研究である。したがって現在までのところ，実証的研究によって見出された成果を応用する方法として，人へのトレーニングとコンピュータ・プログラムのどちらがより有効かという問題についての明確な結論は出ていない。この問題は，捜査支援活動に寄与する実証的な研究知見をいかに効率的に現場へ反映していくかという点において重要なテーマであり，近年，犯罪者プロファイリング研究者の注目を集める分野として議論が行われている（Bennell, Snook, & Taylor, 2005; Rossmo & Filer, 2005; Rossmo, Filer, & Sesely, 2005; Snook, Taylor, & Bennell, 2005）。したがって，今後は日本においても典型的な犯人像や予測モデルに関する研究と並行して，トレーニングを受けた人間とコンピュータ・プログラムとを比較する研究も行うことが重要といえよう。

犯罪者プロファイリングは，犯罪捜査への貢献を使命とする技術であり，研究成果の蓄積と成果の実装は，手法の発展を支える両輪として，常に並行して行われるべきものである。また，近年の犯罪者プロファイリングにおける標準的手法の確立や実施件数の増加（警察庁，2012）を背景に，今後は研究知見を実務で利用できる形で提供していくことがより強く求められると予想される。したがって，研究成果が論文として他の研究者の査読

を受けることで洗練され，広く批評を受ける価値のあるものとして公表されるように，今後は公表された研究成果についてもソフトウェアや講義資料などの形で提供し，捜査支援を行う実務家や捜査員の批評を受けて洗練していくことが求められるだろう。

補　章
研究に使用した統計手法の解説

1　ロジスティック回帰分析

ロジスティック回帰分析の概要

　ロジスティック回帰分析は，分析者が興味のある数値を予測する回帰分析の1つであり，量的，質的変数の両方を説明変数として使用することができる。目的変数が量的データであることを前提とする重回帰分析に対して，目的変数が比率またはカテゴリ（たとえば，0,1のデータ）のときに用いられる手法であり，疾病の発生や車の故障など，世の中の様々な事象の予測に用いられている。ロジスティック回帰分析で作成されるモデル（回帰式）では，目的変数の予測に関する説明変数やモデルの有意性および影響度の指標として，偏回帰係数やp値などの統計量が出力される。

　たとえば，調査研究1（第2章第1節）で作成した混合モデル（Table11）についてみると，8つの統計量が示されており，そのうち，標準偏回帰係数（β：ベータ），標準誤差（standard error），Wald統計量，オッズ比（odds ratio）およびオッズ比の95％分位点の5つは説明変数に

127

関する統計量であり，尤度比，判別的中率，決定係数（R^2）の3つはモデルに関する統計量である。

　偏回帰係数は，他の説明変数の値が一定であるという条件のもと，説明変数の値が1増加したときの目的変数の予測値の増減を表す値である。偏回帰係数は説明変数の目的変数に対する影響度の大きさと方向性を示しており，値が大きいほど影響度が大きく，符号が正の場合は正の共変関係があり，符号が負の場合は負の共変関係があると解釈する。しかし，測定の単位が異なる複数の説明変数（たとえば，距離と日数）を用いる場合は，測定単位を変えると偏回帰係数の値も変わることから，偏回帰係数を相互に比較しても意味がない。そこで，測定単位が異なる説明変数を分析に用いる場合は，データを標準化してから算出した偏回帰係数である標準偏回帰係数を，説明変数間の比較に使用する。

　標準誤差は，偏回帰係数の標準偏差のことであり，偏回帰係数が信頼できる値かどうかを示している。偏回帰係数を標準誤差で除したものを二乗した値はWald統計量と呼ばれ，目的変数の予測に対する影響度の大きさと，偏回帰係数の有意性を確認するために使用される。偏回帰係数の有意性は，Wald統計量に対応する有意確率が，事前に分析者が決めた有意水準（多くの場合，0.05，0.01，1.001といった基準が用いられる）以下のときに，有意と判定する。

　オッズ比は，2つの事象の関係を表す指標であり，2変数が独立のときに1，最小値が0，最大値が無限大となる。ロジスティック回帰モデルにおけるオッズ比は，説明変数が1単位増加したときに生じる，目的変数のオッズ（目的変数の事象が生起する確率（P）の生起しない確率（$1-P$）に対する比）の変化を表しており，偏回帰係数（B）の指数をとった値に等しい。オッズ比の95％信頼区間の中に1が含まれていなければ，5％水準で有意にオッズ比は1ではないといえる。

$$\frac{P}{1-P} = \mathrm{Exp}(B) \quad (6)$$

　オッズ比は，1つのモデルに含まれる複数の説明変数の影響度を比較する指標として使用できるが，偏回帰係数と同様に測定単位の影響を受けるため，測定単位が異なる説明変数の比較にオッズ比を用いることはできない。

　尤度比検定は，作成したモデルの有意性を評価する際に用いられる手法であり，尤度の対数を用いて検定を行う。説明変数が1つの場合，検定仮説は

　　$H_0 : B_1 = 0, \ H_1 : B_1 \neq 0$

となり，説明変数が複数（r個）の場合，検定仮説は

　　$H_0 : B_0 = B_1 = \cdots = B_r = 0$

　　$H_1 : H_0$ ではない（いずれかの変数の係数が0ではない）

となる。

　モデルの当てはまりのよさは，寄与率 R^2 で評価することができる。R^2 は1に近いほどデータに適合しているといえる。ロジスティック回帰分析における寄与率は，通常の回帰分析における寄与率よりも小さめの値となる傾向があり，その点を修正した寄与率を Cox & Snell R^2，さらに Cox and Snell R^2 の最大値が1になるように調整した寄与率を Nagelkerke R^2 と呼ぶ（Pampel, 2000）。

変数選択

　説明変数が複数ある場合，目的変数の予測に重要な変数を選別するため，変数の選択を行う。変数選択の方法には，増加法，減少法，増減法，減増法の4つがある。

　増加法は，最初に目的変数に対して単独でもっとも寄与している説明変

数を選択し，基準を満たす変数がなくなるまで，逐次変数の追加を繰り返す方法である。減少法は，最初にすべての説明変数を用いたモデルを作成し，次に，その中で，目的変数にもっとも寄与していない変数を1つ除去して，基準を満たす変数がなくなるまで，逐次変数の除去を繰り返す方法である。増減法は，最初は増加法と同様に単独でもっとも寄与している説明変数を選択し，その後は基準を満たす変数がなくなるまで，逐次変数の追加と除去を繰り返す方法である。減増法は，最初は減少法と同様にすべての説明変数によるモデルから目的変数にもっとも寄与していない変数を1つ除去し，その後は基準を満たす変数がなくなるまで，逐次変数の追加と除去を繰り返す方法である。

　内田（2011）によれば，変数選択の基準としては説明変数ごとに算出されるp値（有意確率）がよく，変数選択の方法としては変数の数が少ないときに減増法，多いときに増減法を用いるとよいとされている。

多重共線性の確認

　ロジスティック回帰分析を行う際は，説明変数間に強い相関や線形関係がある（多重共線性がある）と，偏回帰係数の標準誤差が大きくなり，推定値が不安定になる場合がある（太郎丸，2005）。太郎丸（2005）は，多重共線性の問題を避ける方法として，説明変数間の相関係数が0.7未満であることを1つの目安として提示している。

　しかし，個々の変数の組み合わせで0.7未満の相関係数であっても，多重共線性が成り立つ場合がある。内田（2011）は，多重共線性が生じているモデルの現象として，目的変数と説明変数が正の相関関係にあるにもかかわらず偏回帰係数の符号が負となるケース（符号逆転）をあげている。したがって，目的変数と説明変数の相関係数の符号と偏回帰係数の符号が一致しているかを確認することで，作成したモデルについても多重共線性

補章　研究に使用した統計手法の解説

を確認することができる。

2　ROC 分析

　ROC 分析は，説明変数による目的変数の判別精度を評価する手法であり，単独で使用することもできるが，犯罪者プロファイリングに関する先行研究（Bennell, Bloomfield, Snook, Taylor, & Barnes, 2010; Bennell & Canter, 2002; Bennell & Jones, 2005; Markson et al., 2010; Tonkin et al., 2008）では，ロジスティック回帰分析とともに実施されることが多い手法である。

　ROC 分析では，データの真陽性率（true positive rates：陽性群の中で正しく陽性群に分類された割合）と偽陽性率（false positive rates：陰性群の中で誤って陽性群に分類された割合）に基づいて，ROC 曲線が作図される（Figure21）。このとき，1（真陽性率）× 1（偽陽性率）の正方形の面積に対する曲線下の面積の割合として得られる ROC 曲線下の面積（AUC: area under the ROC curve）は，すべての閾値の判別的中率を集約してモデルの適合度を評価することができる。また，モデル間の適合度の比較も，選択した閾値によるバイアスの影響を受けずに行うことができる（Krzanowski & Hand, 2009）。

　AUC は，説明変数や多変量モデルが予測に寄与しておらず偶然によってのみ正解する場合（チャンスレベル）に 0.5 となることから，AUC の 95％信頼区間の中に 0.5 が含まれていなければ，5％水準で有意に AUC は予測への有効性を示しているといえる。評価基準としては，Swets (1988) が，0.50〜0.70 を低いレベル，0.70〜0.90 を中程度のレベル，0.90〜1.00 を高いレベルとしている。たとえば Figure21 では，モデル A（実線）が中程度のレベル，モデル B（破線）が低いレベルであり，いず

131

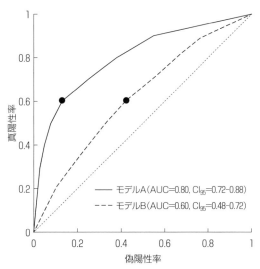

Figure21. ROC 曲線の例
Youden index に基づく判別基準の位置を ROC 曲線上に点で示した。点線は，モデルが予測にまったく寄与していない場合の ROC 曲線（AUC = .50）を表す。

れもチャンスレベルより高い値だが，モデル B は AUC の 95％信頼区間の下限値が 0.48 のため，有意なモデルとはいえないと解釈できる。

　さらに，実務場面で実際に予測モデルを使った予測を行う場合や，新規データを用いた予測モデルの妥当性の検証を行う場合には，1つの閾値を判別基準として選択する必要があるが，ROC 曲線では最適な判別基準を定義する指標として Youden index を利用できる。Youden index は真陽性率と偽陽性率の差の最大値であり，Youden index に対応する閾値は，しばしば最適な判別基準として採用される（Krzanowski & Hand, 2009）。モデルから算出した検証データの予測値は，閾値よりも大きい場合と小さい場合に判別され，検証データ全体に対する正しく判別されたデータの割

Table23. 検証データの予測値の例 ($n = 10$)

記述統計量	S1	S2	S3	S4	S5	S6	S7	S8	S9	S10
真値	1	1	1	1	1	0	0	0	0	0
モデルAによる予測値	0.72	0.68	0.42	0.46	0.55	0.21	0.37	0.31	0.39	0.45
モデルBによる予測値	0.57	0.62	0.81	0.34	0.66	0.65	0.52	0.29	0.47	0.71

合として判別的中率が算出される。たとえば，Figure21で示したモデルA（閾値 = 0.47），モデルB（閾値 = 0.60）が性別（男性：1，女性：0）を予測するモデルであり，これらを用いて10名分の検証データの予測を行った結果としてTable23の予測値が得られた場合，正しく判別されたケースはモデルAで10名中8名（80％），モデルBで10名中6名（60％）であり，判別的中率は，モデルAが80％，モデルBが60％となる。

3　コレスポンデンス分析

　コレスポンデンス分析は，複数の変数群の関連性を分析する方法であり，質的変数と量的変数の両方を扱うことができる。本論文の調査研究3（第2章第3節）のように，すべての変数がカテゴリデータである場合，変数群同士の関連度はクロス集計表で表現され，変数間の関連の強さを低次元空間の距離に置き換えることで，変数同士の関連性の全体像について直感的な理解が容易となる（Clausen, 1998）。複数の変数群の関連性を少数の次元で近似する場合，各次元の近似度を寄与率と呼び（君山，2011），寄与率の高い2つの次元を用いて変数群同士の関連度が表現できれば，平面上で全体の関係性を理解することができる。また，平面上に変数が布置される際に，極端に生起頻度の低い変数は，他の変数との関連性が不安定になりやすい。分析に使用する変数の生起頻度に明確な基準はないが，調査

研究3では，目安として生起頻度が10%以上であることを条件としている。

4　階層クラスター分析

　階層クラスター分析は，はじめに各データをそのままクラスターと考え，クラスター間の距離（または類似度）に基づいて，もっとも似ているクラスター同士を逐次クラスターとして併合していく方法である（Aldenderfer & Blashfield, 1984）。クラスターの結合過程はデンドログラム（Figure22）と呼ばれる図で表現され，結合段階が枝の分岐として表される。デンドログラムの高さはクラスター間の距離を表しており，特定の位置でデンドログラムをカットすることで，クラスターを決定することができる。クラスター間の距離の測り方は複数あり（Table24），一般に Ward 法がもっとも精度がよいと言われている（新納，2007）。

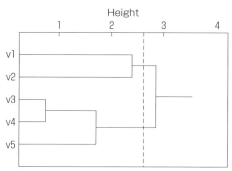

Figure22．デンドログラムの例

Table 24. 階層クラスター分析における距離の測定方法

群平均法	クラスター間のすべてのデータの組み合わせについて距離を求め，それらの平均をクラスター間の距離とする。
最短距離法	クラスター間のすべてのデータの組み合わせについて距離を求め，最短となる距離をクラスター間の距離とする。
最長距離法	クラスター間のすべてのデータの組み合わせについて距離を求め，最長となる距離をクラスター間の距離とする。
Ward 法	2つのクラスターを併合してできるクラスター内の平方和（クラスター内の各データと重心との距離の二乗の和）から，併合前の2つのクラスター内の平方和を引いた値（平方和の増加分）をクラスター間の距離とする。
重心法	2つのクラスターの重心間の距離をクラスター間の距離とする。
メディアン法	重心法の変形で，2つのクラスターの重心間の中点を併合後のクラスターの重心とする。

文　献

Ainsworth, P.B. (2001). *Offender profiling and crime analysis.* Devon, UK: Willan.
Aldenderfer, M.S., & Blashfield, R.K. (1984). *Cluster analysis* (Sage University Paper Series on Quantitative Applications in the Soci al Sciences No.44). Thousand Oaks, CA: Sage Publications.
Alison, L.J., Goodwill, A., & Alison, E. (2005). Guidelines for profilers. In L. Alison (Ed.), *The forensic psychologists' casebook: Psychological profiling and criminal investigation.* Devon, UK: Willan. pp. 235-277.
Alison, L.J., Snook, B., & Stein, K. L. (2001). Unobtrusive measurement: Using police information for forensic research. *Qualitative Research*, 1, 241-254.
Almond, L., Canter, D., & Salfati, C.G. (2006). Youths who sexually harm: A multivariate model of characteristics. *Journal of Sexual Aggression*, 12, 97-114.
Barker, M. (2000). The criminal range of small town burglars. In D. Canter & L. Alison (Eds.), *Profiling property crimes.* London: Ashgate. pp. 59-73.
Bartol, C.R., & Bartol, A. M. (2005). *Criminal behavior: A psychosocial approach.* 7th ed. Saddle River, NJ: Pearson Education.（バートル C.R., & バートル A. M. 羽生和紀（監訳）横井幸久・田口真二（編訳）(2006). 犯罪心理学―行動科学のアプローチ　北大路書房）
Bennell, C., Bloomfield, S., Snook, B., Taylor, P., & Barnes, C. (2010). Linkage analysis in cases of serial burglary: Comparing the performance of university students, police professionals, and a logistic regression model. *Psychology, Crime & Law*, 16, 507-524.
Bennell, C., & Canter, D. V. (2002). Linking commercial burglaries by modus operandi: Tests using regression and ROC analysis. *Science and Justice*, 42, 153-164.
Bennell, C., Emeno, K., Snook, B., Taylor, P., & Goodwill, A. M. (2009). The precision, accuracy, and efficiency of geographic profiling predictions: A simple heuristic versus

mathematical algorithms. *Crime mapping: A journal of research and practice*, 1, 65-84.

Bennell, C., Gauthier, D., Gauthier, D., Melnyk, T., & Musolino, E. (2010). The impact of data degradation and sample size on the performance of two similarity coefficients used in behavioural linkage analysis. *Forensic science international*, 199, 85-92.

Bennell, C., & Jones, N.J. (2005). Between a ROC and a hard place: A method for linking serial burglaries by modus operandi. *Journal of Investigative Psychology and Offender Profiling*, 2, 23-41.

Bennell, C., Snook, B., & Taylor, P. (2005). Geographic profiling— The debate continues. *Blue line*, 34-36.

Bennell, C., Snook, B., Taylor, P.J., Corey, S., & Keyton, J. (2007). It's no riddle, choose the middle: The effect of number of crimes and topographical detail on police officer predictions of serial burglars' home locations. *Criminal Justice and Behavior*, 34, 119-132.

Bernasco, W. (2007). The usefulness of measuring spatial opportunity structures for tracking down offenders: A theoretical analysis of geographic offender profiling using simulation studies. *Psychology, Crime & Law*, 13, 155-171.

Block, R., & Bernasco, W. (2009). Finding a serial burglar's home using distance decay and conditional origin-destination patterns: A test of empirical Bayes journey-to-crime estimation in The Hague. *Journal of Investigative Psychology and Offender Profiling*, 6, 187-211.

Brantingham, P.J., & Brantingham, P.L. (1984). *Patterns in crime*. New York: Macmillan.

Canter, D. (2000). Offender profiling and criminal differentiation. *Legal and Criminological Psychology*, 5, 23-46.

Canter, D., & Alison, L. J. (2003). Converting evidence into data: The use of law enforcement archives as unobtrusive measurement. *Qualitative Report*, 8, 151-176.

Canter, D.V., Alison, L.J., Alison, E., & Wentink, N. (2004). The organized/ disorganized typology of serial murder: Myth or model? *Psychology, Public Policy, and Law*, 10, 293-320.

Canter, D.V., Bennell, C., Alison, L.J., & Reddy, S. (2003). Differentiating sex offences: A behaviorally based thematic classification of stran ger rapes. *Behavioral Sciences and the Law*, 21, 157-174.

Canter, D., Coffey, T., Huntley, M., & Missen, C. (2000). Predicting serial killers' home base using a decision support system. *Joural of Quantitative Criminology*, 16, 457-478.

Canter, D., & Fritzon, K. (1998). Differentiating arsonists: A model of firesetting actions and characteristics. *Legal and Criminological Psychology*, 3, 73-96.

Canter, D., & Gregory, A. (1994). Identifying the residential location of rapists. *Journal of Forensic Science Society*, 34, 169-175.

Canter, D., & Hammond, L. (2006). A comparison of the efficacy of different decay functions in geographical profiling for a sample of US serial killers. *Journal of Investigative Psychology and Offender Profiling*, 3, 91-103.

Canter, D., & Heritage, R. (1990). A multivariate model of sexual offence behaviour: Developments in 'offender profiling'. *The Journal of Forensic Psychiatry*, 1, 185-212.

Canter, D., & Larkin, P. (1993). The environmental range of serial rapists. *Journal of Environmental Psychology*, 13, 63-69.

Canter, D., & Young, D. (2011). Geographical offender profiling: Applications and opportunities. In D. Canter & D. Youngs (Eds.) *Application of geographical offender profiling*. Aldershot, UK: Ashgate. pp.3-24.

Chainey, S., & Ratcliffe, J. (2005). *GIS and crime mapping*. Chichester, UK: John Wiley & Sons.

Clausen, S.-E. (1998). *Applied correspondence analysis: An introduction* (Sage University Paper Series on Quantitative Applications in the Social Sciences No. 121). Thousand Oaks, CA: Sage Publications.

Doan, B., & Snook, B. (2008). A failure to find empirical support for the homology assumption in criminal profiling. *Journal of Police and Criminal Psychology*, 23, 61-70.

Douglas, J.E., Burgess, A.W., Burgess, A.G., & Ressler, R.K. (Eds.) (2006). *Crime classification manual* (Second ed.). San Francisco, CA: Jossey-Bass.

Douglas, J.E., Ressler, R.K., Burgess, A.W., & Hartman, C.R. (1986). Criminal profiling from crime scene analysis. *Behavioral Sciences and the Law*, 4, 401-421.

Ebberline, J. (2008). Geographical profiling obscene phone calls— a case study. *Journal of Investigative Psychology and Offender Profiling*, 5, 93-105.

Edwards, M.J., & Grace, R.C. (2007). Analysing the offence locations and residential base of serial arsonists in New Zealand. *Australian Psychologist*, 41, 219-226.

Eskridge, C.W. (1983). Prediction of burglary: A research note. *Journal of Criminal Justice*, 11, 67-75.

Farrington D.P., & Lambert S. (2007). Predicting offender profiles from offense and victim characteristics. In R. N. Kocsis (Ed.) *Criminal profiling: International theory, research, and practice*. Totowa, NJ: Humana Press. pp. 135-167.

FBI (1985). Crime scene and profile characteristics of organized and disorganized murderers. *FBI Law Enforcement Bulletin*, 18-25.

Fujita, G., Watanabe, K., Yokota, K., Kuraishi, H., Suzuki, M., Wachi, T., & Otsuka, A. (2013). Multivariate models for behavioral offender profiling of Japanese homicide. *Criminal Justice and Behavior*, 40, 214-227.

藤田悟郎・横田賀英子・渡邉和美・鈴木護・和智妙子・大塚祐輔・倉石宏樹（2011）．実務のための量的な方法による事件リンク分析　日本法科学技術学会誌, 16, 91-104.

蒲生晋介・細谷隆太・萩野谷俊平・石原安希子・佐藤敦司・小野修一（2010）．連続窃盗事件における円仮説と犯行地分布の関係　日本法科学技術学会誌, 15（別冊号), 131.

Goodwill, A. M., & Alison, L. J. (2005). Sequential angulation, spatial dispersion and consistency of distance attack patterns from home in serial murder, rape and burglary. *Psychology, Crime & Law*, 11, 161-176.

Goodwill, A.M., & Alison, L.J. (2006). The development of a filter model for prioritising suspects in burglary offences. *Psychology, Crime & Law*, 12, 395-416.

Green, E.J., Booth, C.E., & Biderman, M.D. (1976). Cluster analysis of burglary M/Os. *Journal of Police Science and Administration*, 4, 382-388. (Woodhams, J., Hollin, C.R., & Bull, R. (2007). The psychology of linking crimes: A review of the evidence. *Legal and Criminological Psychology*, 12, 233-249. p.242 より引用）

萩野谷（2014）．交通手段の予測に基づく連続事件の居住地推定　犯罪心理学研究, 52（特別号), 100-101.

Häkkänen, H., Puolakka, P., & Santtila, P. (2004). Crime scene actions and offender characteristics in arsons. *Legal and Criminological Psychology*, 9, 1-18.

Hammond, L. (2014). Geographical profiling in a novel context: Prioritising the search for New Zealand sex offenders. *Psychology, Crime Law*. 20, 358-371.

Hammond, L., & Youngs, D. (2011). Decay functions and criminal spatial processes: Geographical offender profiling of volume crime. *Journal of Investigative Psychology and Offender Profiling*, 8, 90-102.

花山愛子（2010）．同一日に連続犯行する店舗強盗事件被疑者の居住地推定　犯罪心理学研究, 48（特別号), 40-41.

羽生和紀（2006）．連続放火の地理的プロファイリング―サークル仮説の妥当性の検討　犯罪心理学研究, 43, 1-12.

Howlett, J.B., Hanfland, K. A., & Ressler, R. K. (1986). Violent criminal apprehension program— VICAP: A progress report. *FBI Law Enforcement Bulletin*, 55, 14-22.

乾敏郎（1995）．知覚と運動乾敏郎（編）認知心理学1―知覚と運動　東京大学出版会

pp.1-13.
岩見広一（2000）．リバプール方式のプロファイリング　田村雅幸（監修）高村茂・桐生正幸（編）プロファイリングとは何か　立花書房　pp.80-87.
岩見広一（2006a）．犯罪者プロファイリングの変遷　渡邉和美・高村茂・桐生正幸（編著）犯罪者プロファイリング入門—行動科学と情報分析からの多様なアプローチ　北大路書房　pp.31-41.
岩見広一（2006b）．カンターの犯罪者プロファイリング手法　渡邉和美・高村茂・桐生正幸（編著）犯罪者プロファイリング入門—行動科学と情報分析からの多様なアプローチ　北大路書房京都　pp.61-68.
Jackson, J.L., & Bekerian, D.A. (1997). Does offender profiling have a role to play? In J.L. Jackson & D.A. Bekerian (Eds.) *Offender profiling: Theory, research and practice*. NY: John Wiley and Sons.（ジャクソン J.L. & ベカリアン D.A. 犯罪者プロファイリングの役割　ジャクソン J.L.& ベカリアン D.A.（編）田村雅幸（監訳）辻典明岩見広一（訳編）（2000）．犯罪者プロファイリング—犯罪行動が明かす犯人像の断片　北大路書房 pp.1-7.）
Johnson, S. D., Bernasco, W., Bowers, K. J., Elffers, H., Ratcliffe, J., Rengert, G., & Townsley, M. (2007). Space-time patterns of risk: A cross national assessment of residential burglary victimization. *Journal of Quantitative criminology*, 23, 201-219.
警察庁（2010）．犯罪統計書　平成22年の犯罪
警察庁（2012）．警察白書（平成24年版）
警察庁（2014）．犯罪統計（平成20年～平成25年）の訂正について
警視庁防犯総務課（1991）．盗犯被疑者からのアンケート調査結果（高橋良彰・渡邉和美（2005）．第二版新犯罪社会心理学　学文社 p.198より引用）
Kent, J., & Leitner, M. (2007). Efficacy of standard deviational ellipses in the application of criminal geographic profiling. *Journal of Investigative Psychology and Offender Profiling*, 4, 147-165.
Kent, J. D., & Leitner, M. (2012). Incorporating land cover within Bayesian journey-to-crime estimation models. *International Journal of Psychological Studies*, 4, 120-140.
Kent, J., Leitner, M., & Curtis, A. (2006). Evaluating the usefulness of functional distance measures when calibrating journey-to-crime distance decay functions. *Computers, Environment and Urban Systems*, 30, 181-200.
君山由良（2011）．第2版コレスポンデンス分析の利用法　データ分析研究所
金明哲（2007）．Rによるデータサイエンス　森北出版

Kind, S. S. (1981). Navigational ideas and the Yorkshire Ripper investigation. *Journal of Navigation*, 40, 385-393.

Kocsis, R. N. & Irwin, H. J. (1997). An analysis of spatial patterns in serial rape, arson, and burglary: The utility of the circle theory of environmental range for psychological profiling. *Psychiatry, Psychology and Law*, 4, 195-206.

Kocsis, R. N., Irwin, H. J., & Allen, G. (2002). A further assessment of "circle theory" for geographic psychological profiling. *Australian and New Zealand Journal of Criminology*, 35, 43-62.

Krzanowski, W.J., & Hand, D. J. (2009). *ROC curves for continuous data*. Boca Raton, FL: CRC Press.

倉石宏樹・大塚祐輔・横田賀英子・和智妙子・渡邉和美（2010）．住居盗累犯者の手口の移行性に関する研究　犯罪心理学研究，48（特別号），124-125.

楠見孝（2002）．類似性と近接性――人間の認知の特徴について　人工知能学会誌，17, 2-7.

Laukkanen, M., & Santtila, P. (2006). Predicting the residential location of a serial commercial robber. *Forensic Science International*, 157, 71-82.

Laukkanen, M., Santtila, P., Jern, P., & Sandnabba, K. (2008). Predicting offender home location in urban burglary series. *Forensic Science International*, 176, 224-235.

Leitner, M., & Kent, J. (2009). Bayesian journey-to-crime modelling of single and multiple crime-type series in Baltimore County, MD. *Journal of Investigative Psychology and Offender Profiling*, 6, 213-236.

Levine, N. (2009). Introduction to the special issue on Bayesian journey-to-crime modelling. *Journal of Investigative Psychology and Offender Profiling*, 6, 167-185.

Levine, N. (2014). *CrimeStat: A spatial statistics program for the analysis of crime incident locations* (v4.01). Ned Levine & Associates, Houston, Texas, and the National Institute of Justice, Washington, D. C. August.

Levine, N., & Block, R. (2011). Bayesian journey-to-crime estimation: An improvement in geographic profiling methodology. *The Professional Geographer*, 63, 213-229.

Levine, N., & Lee, P. (2009). Bayesian journey-to-crime modelling of juvenile and adult offenders by gender in Manchester. *Journal of Investigative Psychology and Offender Profiling*, 6, 237-252.

Lundrigan, S., & Canter, D. (2001). Spatial patterns of serial murder: An analysis of disposal site location choice. *Behavioral Sciences and the Law*, 19, 595-610.

前川直也・西河誠・細谷泰夫（2013）．わかりやすいアジャイル開発 の教科書　ソフト

文 献

バンククリエイティブ

Markson, L., Woodhams, J., & Bond, J. W. (2010). Linking serial residential burglary: Comparing the utility of modus operandi behaviours, geographical proximity, and temporal proximity. *Journal of Investigative Psychology and Offender Profiling*, 7, 91-107.

Martineau, M. M., & Corey, S. (2008). Investigating the reliability of the violent crime linkage analysis system (ViCLAS) crime report. *Journal of Police and Criminal Psychology*, 23, 51-60.

Meaney, R. (2004). Commuters and marauders: An examination of the spatial behaviour of serial criminals. *Journal of Investigative Psychology and Offender Profiling*, 1, 121-137.

三本照美（2006）．地理的プロファイリング　渡邉和美・高村茂・桐生正幸（編著）犯罪者プロファイリング入門―行動科学と情報分析からの多様なアプローチ　北大路書房　pp. 72-82

三本照美・深田直樹（1999）．連続放火犯の居住地推定の試み―地理的重心モデルを用いた地理プロファイリング　科学警察研究所報告（防犯少年編），40, 23-36.

Mokros, A., & Alison, L. (2002). Is offender profiling possible? Testing the predicted homology of crime scene actions and background characteristics in a sample of rapists. *Legal and Criminological Psychology*, 7, 25-43.

O'Leary, M. (2009). *A new mathematical approach to geographic profiling* (Final Report submitted to the U. S. Department of Justice). Towson: Department of Mathematics, Towson University.

O'Leary, M. (2010). Multimodel inference and geographic profiling. *Crime Mapping: A Journal of Research and Practice*, 2, 50-64.

小野修一・倉石宏樹・横田賀英子・和智妙子・大塚祐輔・渡邉和美（2013）．犯罪者プロファイリングの評価方法に関する研究 2 ―依頼者の評価に関する検討　犯罪心理学研究．51（特別号），178-179.

大塚祐輔・倉石宏樹・横田賀英子・和智妙子・渡邉和美（2010）．侵入窃盗累犯者の手口の移転性に関する研究―住居以外を対象とする窃盗犯について　犯罪心理学研究，48（特別号），126-127.

Palermo, G. B. (2007). Homicidal syndromes: A clinical psychiatric perspective george. In R. N. Kocsis (Ed.) *Criminal profiling: international theory, research, and practice*. Totowa, NJ: Humana Press. pp. 3-26.

Pampel, F. C. (2000). *Logistic regression: A primer* (Sage University Papers Series on Quantitative Applications in the Social Sciences, series no. 07-132).

Thousand Oak, CA: Sage.

Paulsen, D.J. (2006a). Connecting the dots: Assessing the accuracy of geographic profiling software. *Policing: An International Journal of Police Strategies & Management*, 29, 306-334.

Paulsen, D. (2006b). Human versus machine: A comparison of the accuracy of geographic profiling methods. *Journal of Investigative Psychology and Offender Profiling*, 3, 77-89.

Paulsen, D. (2007). Improving geographic profiling through commuter/marauder prediction. *Police Practice and Research*, 8, 347-357.

Polišenská, A. V. (2008). A qualitative approach to the criminal mobility of burglars: Questioning the "near home" hypothesis. *Crime Patterns and Analysis*, 1, 47-60.

Reiss, A. J. & Farrington, D. P. (1991). Advancing knowledge about co-offending: Results from a prospective longitudinal survey of London males. *Journal of Criminal Law and Criminology*, 82, 360-395.

Ressler, R. K., Burgess, A.W., Douglas, J.E., Hartman, C.R., & D'Agostino, R. (1986). Sexual killers and their victims: Identifying patterns through crime scene analysis. *Journal of Interpersonal Violence*, 1, 288-308.

Rossmo, D. K. (2000). *Geographic profiling*. LLC: CRC. (ロスモ D.K.渡辺昭一（監訳）(2002). 地理的プロファイリング―凶悪犯罪者に迫る行動科学　北大路書房)

Rossmo, D. K., & Filer, S. (2005). Analysis versus guesswork: The case for professional geographic profiling. *Blue line*, 24-26.

Rossmo, D.K., Filer, S., & Sesely, C. (2005). Geographic profiling debate― Round four: The big problem with Bennell, Snook, & Taylor's research. *Blue line*, 28-29.

Salfati, C.G., & Bateman, A. L. (2005). Serial homicide: An investigation of behavioral consistency. *Journal of Investigative Psychology and Offender Profiling*, 2, 121-144.

Salfati, C. G., & Canter, D. V. (1999). Differentiating stranger murders: Profiling offender characteristics from behavioral styles. *Behavioral Sciences and the Law*, 17, 391-406.

Santtila, P., Fritzon, K., & Tamelander, A. L. (2004). Linking arson incidents on the basis of crime scene behavior. *Journal of Police and Criminal Psychology*, 19, 1-16.

Santtila, P., Junkilla, J., & Sandnabba, N. K. (2005). Behavioral linking of stranger rapes. *Journal of Investigative Psychology and Offender Profiling*, 2, 87-103.

Santtila, P., Korpela, S., & Häkkänen, H. (2004). Expertise and decision making in the linking of car crime series. *Psychology, Crime and Law*, 10, 97-112.

Santtila, P., Ritvanen, A., & Mokros, A. (2004). Predicting burglar characteristics from crime scene behavior. *International Journal of Police Science & Management*, 6,

136-154.

窃盗犯捜査研究会（1985）．窃盗犯捜査の実際　立花書房

新納浩幸（2007）．Rで学ぶクラスタ解析　オーム社

Snook, B. (2004). Individual differences in distance traveled by serial burglars. *Journal of Investigative Psychology and Offender Profiling*, 1, 53-66.

Snook, B., Canter, D.V., & Bennell, C. (2002). Predicting the home location of serial offenders: A preliminary comparison of the accuracy of human judges with a geographic profiling system. *Behavioral Sciences and the Law*, 20, 109-118.

Snook, B., Cullen, R., Mokros, A. & Harbort, S. (2005). Serial murderers' spatial decisions: Factors that influence crime location choice. *Journal of Investigative Psychology and Offender Profiling*, 2, 147-164.

Snook, B., Taylor, P., & Bennell (2005). Man versus machine— The case of geographic profiling. *Blue line*, 56.

Snook, B., Zito, M., Bennell, C., & Taylor, P.J. (2005). On the complexity and accuracy of geographic profiling strategies. *Journal of Quantitative Criminology*, 21, 1-26.

総務省（2010）．平成22年国勢調査

Swets, J. A. (1988). Measuring the accuracy of diagnostic systems. *Science*, 240, 1285-1293.

高橋良彰・渡邉和美（2005）．第二版新犯罪社会心理学　学文社

高村茂・徳山孝之（2003）．民家対象窃盗犯の犯人特性に関する基礎的研究　犯罪心理学研究，41, 1-14.

高村茂・徳山孝之（2006）．多変量解析を用いた犯罪者プロファイリング研究—侵入窃盗犯の類型化に着目して　犯罪心理学研究，43, 29-41.

田村雅幸・鈴木護（1997）．連続放火の犯人像分析1．犯人居住地に関する円仮説の検討　科学警察研究所報告（防犯少年編），38, 13-25.

田村雅幸・渡邉和美・鈴木護・佐野賀英子・渡辺昭一・池上聖次郎（1998a）．通り魔事件の犯人像（1）加害者特性の分析　科学警察研究所報告（防犯少年編），39, 1-11.

田村雅幸・渡邉和美・鈴木護・佐野賀英子・渡辺昭一・池上聖次郎（1998b）．通り魔事件の犯人像（2）事件特性の分析による犯人像推定　科学警察研究所報告（防犯少年編），39, 12-20.

太郎丸博（2005）．人文・社会科学のためのカテゴリカル・データ解析入門　ナカニシヤ出版

Taylor, P. J., Bennell, C., & Snook, B. (2008). The bounds of cognitive heuristic performance on the geographic profiling task. *Applied Cognitive Psychology*, 23,

410-430.

Tonkin, M., Grant, T., & Bond, J. W. (2008). To link or not to link: A test of the case linkage principles using serial car theft data. *Journal of Investigative Psychology and Offender Profiling*, 5, 59-77.

Tonkin, M., Woodhams, J., Bond, J.W., & Loe, T. (2010). A theoretical and practical test of geographical profiling with serial vehicle theft in a U.K. context. *Behavioral Sciences and the Law*, 28, 442-460.

内田治 (2011). SPSSによるロジスティック回帰分析オーム社

Van Daele, S. (2009). Itinerant crime groups: Mobility attributed to anchor points? In A. Cools, S. De Kimpe, B. De Ruyver, M. Easton, L. Pauwels, P. Ponsaers, G. Vande Walle, T. Vander Beken, F. Vander Laenen, & G. Vermeulen (Eds.), *Contemporary issues in the empirical study of crime* (Vol.1) .Antwerp, Belgium: Maklu. pp. 211-225.

Van Daele, S. (2010). Mobility and distance decay at the aggregated and individual level. In M. Cools, B. De Ruyver, M. Easton, L. Pauwels, P. Ponsaers, G. Vande Walle, T. Vander Beken, F. Vander Laenen, G. Vermeulen & G. Vynckier (Eds.), *Safety, societal problems and citizens' perceptions: New empirical data, theories and analyses*. Antwerp, Belgium: Maklu. pp. 41-59.

Van Daele, S., & Vander Beken, T. (2009). Out of step? Mobility of 'itinerant crime groups'. In P. Van Duyne, S. Donati, J. Harvey, A. Maljevic & K.Von Lampe (Eds.), *Crime, money and criminal mobility in Europe*. Nijmegen, The Netherlands: Wolf Legal. pp. 43-70.

Van Daele, S., & Vander Beken, T. (2010a). Exploring itinerant crime groups. *European Journal on Criminal Policy and Research*, 16, 1-13.

Van Daele, S., & Vander Beken, T. (2010b). The journey to crime of "itinerant crime groups". *Policing: An International Journal of Police Strategies and Management*, 33, 339-353.

Van Daele, S., & Vander Beken, T. (2011a). Outbound offending: The journey to crime and crime sprees. *Journal of Environmental Psychology*, 31, 70-78.

Van Daele, S., & Vander Beken, T. (2011b). Out of sight, out of mind? Awareness space and mobile offenders. *The European Journal on Crime, Criminal Law and Criminal Justice*, 19, 125-137.

van Koppen, P. J. & Jansen, R. W. J. (1998). The road to the robbery: Travel pattern in commercial robberies. *British Journal of Criminology*, 38, 230-246.

Wachi, T., Watanabe, K., Yokota, K., Suzuki, M., Hoshino, M., Sato, A., & Fujita, G. (2007).

Offender and crime characteristics of female serial arsonists in Japan. *Journal of Investigative Psychology and Offender Profiling*, 4, 29-52.

Warren, J., Reboussin, R., Hazelwood, R.R., Cummings, A., Gibbs, N., & Trumbetta, S. (1998). Crime scene and distance correlates of serial rape. *Journal of Quantitative Criminology*, 14, 35-59.

渡邉和美（2004）．プロファイリングによる捜査支援　渡辺昭一（編）渡邉和美・鈴木護・宮寺貴之・横田賀英子（著）捜査心理学　北大路書房　pp.90-100.

渡邉和美（2006）．犯罪者プロファイリングとは何か　渡邉和美・高村茂・桐生正幸（編著）犯罪者プロファイリング入門―行動科学と情報分析からの多様なアプローチ　北大路書房　pp.1-16.

渡邉和美・田村雅幸（1998a）．バラバラ殺人事件の犯人像分析　科学警察研究所報告（防犯少年編），39, 1-17.

渡邉和美・田村雅幸（1998b）．戦後50年間におけるバラバラ殺人事件の形態分析　科学警察研究所報告（防犯少年編），39, 47-55.

渡邉和美，田村雅幸（1999）．13歳未満の少女を対象とした強姦事件の犯人像分析1. 加害者の特徴と犯歴に関する分析　科学警察研究所報告（防犯少年編），40, 67-81.

渡邉和美・田村雅幸（2001）．13歳未満の少女を対象とした強姦事件の犯人像分析2. 加害者・被害者間の面識関係に関する分析　科学警察研究所報告（防犯少年編），41, 58-66.

渡辺昭一（2005）．犯罪者プロファイリング―犯罪を科学する警察の情報分析技術　角川書店

Wilson, L., & Bruer, C. (2014). Violent crime linkage analysis system (ViCLAS). Royal Canadian Mounted Police 〈http://www.rcmp-grc.gc.ca/tops-opst/bs-sc/viclas-salvac-eng.htm〉（December 29, 2014）

Wilson, R.E., & Maxwell, C.D. (2007). Research in geographic profiling: Remarks from the guest editors. *Police Practice and Research*, 8, 313-319.

Woodhams, J., Hollin, C.R., & Bull, R. (2007). The psychology of linking crimes: A review of the evidence. *Legal and Criminological Psychology*, 12, 233-249.

Woodhams, J., & Toye, K. (2007). An empirical test of the assumptions of case linkage and offender profiling with serial commercial robberies. *Psychology, Public Policy, and Law*, 13, 59-85.

山元修一（2009）．凸包ポリゴンによる地理的プロファイリングの検討　犯罪心理学研究，47（特別号），22-23.

山岡一信・渡辺昭一（1971）．侵入盗犯の諸特性―累犯者と初犯者との比較　科学警察

研究所報告，24, 114-121.
横井幸久（2002）．犯罪者プロファイリング笠井達夫・桐生正幸・水田恵三（編）犯罪に挑む心理学―現場が語る最前線　北大路書房　pp.20-26.
横田賀英子（2005）．類似事件発生時における同一犯推定　渡辺昭一（編）渡邉和美・鈴木護・宮寺貴之・横田賀英子（著）捜査心理ファイル―犯罪捜査と心理学のかけ橋　東京法令出版　pp.226-235.
横田賀英子（2011）．事件リンク分析　越智啓太・藤田政博・渡邉和美（編）法と心理学の事典　朝倉書店　pp.296-297.
Yokota, K., & Canter, D. (2004). Burglars' specialisation: Development of a thematic approach in investigative psychology. *Behaviormetrika*, 31, 153-167.
Yokota, K., Fujita, G., Watanabe, K., Yoshimoto, K. & Wachi, T. (2007). Application of the behavioral investigative support system for profiling perpetrators of serial sexual assaults. *Behavioral Sciences and the Law*, 25, 841-856.
横田賀英子・渡辺昭一（1998）．犯罪手口の反復性に関する分析　日本鑑識科学技術学会誌，3, 49-55.
財津亘（2008）．強姦犯の犯罪深度を基にしたベイジアンネットワークモデルによる犯行時期に関する予測　日本法科学技術学会誌，13, 133-142.
Zaitsu, W. (2009). Bomb threats and offender characteristics in Japan. *Journal of Investigative Psychology and Offender Profiling*, 7, 75-89.
Zaitsu W. (2010). Homicidal poisoning in Japan: Offender and crime characteristics. *International Journal of Police Science & Management* 12, 503-515.
財津亘（2010）．社会的自立性と犯罪深度を基にした連続放火犯の分類と分類別にみた放火形態について　日本法科学技術学会誌，15, 111-124.
財津亘（2011）．犯罪者プロファイリングにおけるベイズ確率論の展開　多賀出版

索　引

●あ
ROC 分析　42
アジャイル開発　124

●い
意思決定支援システム　124

●え
AUC　44
FBI　6
MID　22

●か
階層クラスター分析　68
確率距離法　21
活動拠点　3
カテゴリカル主成分分析　11
Guttmann, L.　9
加齢によって変化するライフスタイル　71
Canter, D.　6

●き
幾何学領域モデル　23
Q-range　22
偽陽性率　54
居住推定エリア　30
居住地から犯行地点への移動距離（RCD）　69
居住地含有率　31
居住地推定　3
居住地推定支援プログラム（ORPP）　89

拠点推定モデル　21
拠点推定モデルによる推定エリアの中心地点から犯人の居住地までの距離（DRC）　90
拠点犯行型　11
距離減衰　22
寄与率　43
疑惑領域モデル　22
金銭動機　29
近隣型　69

●く
空間分布法　21
空間平均モデル　94

●こ
広域型　69
郊外　48
交差検証法　53
交差文化的な妥当性　38
交通手段　31
個人間での識別性　13
個人内での一貫性　13
コレスポンデンス分析　68
混合型　81

●さ
サークル仮説　11
サークル仮説の中心　22
最小空間分析　9
最小二乗法　95

149

●し
CGT 22
時間的近接性 26
事件リンク分析 3
指数 95
Jaccard 係数 41
住居対象侵入窃盗 24
10 重交差検証法 54
重心 23
主成分分析 30
状況依存性 15
状況の心理的特性 14
常習性 59
常習窃盗犯 58
署名的行動 15
人口密度 48
親密性 18
真陽性率 54

●す
推定規則 4
推定誤差 98
数量化理論Ⅲ類 11
スクリプトと文脈 112
スプリー犯行 67

●せ
性愛性 18
生活圏 11
正規分布 98
性的動機 7
窃盗経験 63
セントログラフィ 22

●そ
相同仮説 19

●た
対数 95

多次元尺度構成法 11
多重共線性 43
多変量解析 9

●ち
秩序型 7
直線 95
地理的近接性 26
地理的重心モデル 23
地理的プロファイリング 3
地理的分布 23

●つ
通勤傾向 106
通勤犯行型 11

●て
手口調査 28
手口の移行性 27, 115
手口の反復性 27
Teten, H. 6

●と
道具的テーマ 14
統計的プロファイリング 12
等値線 92
都市部 48

●に
二次関数 95
認知地図 11

●ね
年齢 63

●は
背景要因 15
外れ値 81
バッファー・ゾーン 78

150

索　引

犯行エリア　11
犯行行程法　22
犯行地点間の距離（DO）　69
犯行テーマ　10
犯行予測　121
犯行リズム　116
犯罪　1
犯罪経歴者　17
犯罪者における類似性・近接性構造　115
犯罪者プロファイリング　2
犯罪心理学　1
犯罪性　18
犯罪性と関連するライフスタイル　71
犯罪手口　15
犯人像推定　3
判別的中率　43

●ひ
非人間性　18
表出的テーマ　14
評定者間信頼性　50
非リンクペア　26

●ふ
ファセット理論　9
プロダクション・ルール　123
分位点　91

●へ
ペアタイプ　41
変数増減法　41

●ほ
法科学的資料　13
暴力性　18

●み
魅力度　105

●む
無秩序型　7

●も
目撃証言　13

●よ
Youden index　70

●り
リンク特徴　39
リンクペア　26
臨床的プロファイリング　12

●る
類似性と接近性の原理　111
累積相対比率　91
累積分布関数　91

●ろ
ロジスティック回帰分析　41

151

謝　辞

　本論文の作成にあたり，終始暖かい激励とご指導，ご鞭撻を賜りました法政大学文学部心理学科教授の越智啓太先生に，心より，深く感謝申し上げます。

　越智先生には，修士課程の在学中から，修了後，博士課程に至るまでの長期にわたり，熱心なご指導と多くの成長の機会を与えて頂きました。重ねて，深く感謝の意を表します。

　法政大学文学部心理学科教授の藤田哲也先生には，本論文の副査をお引き受け頂き，博士論文の構成や執筆の要点，論文原稿の修正点などについて，詳細なご指導とアドバイスを頂きました。心より感謝申し上げます。

　法政大学大学院の博士号取得者の先輩として，多くのアドバイスと激励を頂いた，東京情報大学の原田恵理子先生，法政大学の矢口幸康先生にも，深く感謝申し上げます。お二人から，博士論文の作成に関する具体的な手続きやスケジュールについて教えていただいたことで，学位取得までの道のりを明確に意識しながら，博士後期課程を過ごすことができました。また，法政大学大学院博士後期課程の喜入暁君には，複数の段階で博士論文の原稿に目を通し，有益なコメントを頂きました。この場を借りてお礼申し上げます。

　Southeastern Louisiana University の Hunter McAllister 先生，株式会社テキストの Ratnin Dewaraja 先生には，国際誌への論文投稿の際に，原稿に対して多くのアドバイスを頂きました。深くお礼申し上げます。

　警察部内では，まず，科学警察研究所の渡邉和美先生に，心より，厚く

御礼申し上げます。渡邉先生には，私が科学捜査研究所に入所してから現在に至るまで，研究活動のあらゆる面で御指導を頂きました。また，本論文の副査をお引き受け頂き，博士論文の原稿について，全体の構成から個々の記述の誤りまで，詳細にご指導を頂きました。重ねて，深く感謝申し上げます。

　青森県警科捜研の花山愛子氏，愛媛県警科捜研の蒲生晋介氏，科学警察研究所の小野修一氏，沖縄県警科捜研の真栄平亮太氏，静岡県警科捜研の細川豊治氏には，調査研究2の共同研究者として，常に刺激的な議論を頂き，論文の原稿についても多くのアドバイスを頂きました。深く感謝の意を表します。また，同論文については，滋賀県警科捜研の倉石宏樹氏にも分析手法について有益なアドバイスを頂きました。深く感謝いたします。

　調査研究3の成果に基づく居住地推定支援プログラム（ORPP）の開発にあたりご支援を頂いた，栃木県警刑事総務課の橋本亮輔氏と大野幸恵氏にも，心より感謝申し上げます。お二人には，ORPPの開発と実務での検証において，多大なご協力とご助言を頂きました。

　博士論文執筆にあたり，多くの丁寧なアドバイスを頂きました徳島県警科捜研の高村茂氏，岩手県警科捜研の長澤秀利氏，富山県警科捜研の財津亘氏，豊富な捜査支援実務のご経験から実用性を意識した研究開発についてご指導を頂きました北海道警科捜研の岩見広一氏，宮崎県警科捜研の山元修一氏に，ここに記して，感謝の意を表します。また，大学院への進学にあたり，深いご理解を頂きました栃木県警科捜研の皆様にも感謝いたします。

　最後に，博士後期課程に在籍した4年間，折りに触れて応援をしてくれた友人達と，あたたかく見守り，支えてくれた家族に心から感謝して，末筆としたいと思います。

〈本論文で使用した学術論文〉

調査研究 1

萩野谷俊平（2014）．住居を対象とする侵入窃盗の事件リンク分析応用心理学研究, 40(1), 45-53.

調査研究 2

萩野谷俊平・花山愛子・小野修一・蒲生晋介・真栄平亮太・細川豊治（2014）．住居対象連続侵入窃盗事件における犯人属性の犯罪手口による予測日本法科学技術学会誌, 19(1), 31-43.

調査研究 3

Haginoya, S. (2014). Offender demographics and geo graphical characteristics by offender means of transportation in serial residential burglaries. *Psychology, Crime & Law*, 20 (6), 515-534.

【著者紹介】

萩野谷俊平（はぎのや　しゅんぺい）
1985 年　兵庫県に生まれる
2015 年　法政大学大学院人文科学研究科心理学専攻博士後期課程修了
現　　在　栃木県警察本部刑事部科学捜査研究所研究員（心理学博士）
論　　文　Offender demographics and geographical characteristics by offender means of transportation in serial residential burglaries. *Psychology, Crime & Law*, **20**(6), 515-534. 2014 年
　　　　　住居を対象とする侵入窃盗の事件リンク分析応用心理学研究, **40**(1), 45-53. 2014 年
　　　　　住居対象連続侵入窃盗事件における犯人属性の犯罪手口による予測　日本法科学技術学会誌, **19**(1), 31-43. 2014 年

【注】本書は，2015年3月24日付けで法政大学から授与された博士号（心理学）に係る学位論文を，法政大学大学院博士論文出版助成金の交付を受けて刊行するものです。

犯罪者プロファイリング研究
――住居対象侵入窃盗事件の分析――

2016年2月10日　初版第1刷印刷	定価はカバーに表示
2016年2月20日　初版第1刷発行	してあります。

著　　者　　萩野谷俊平
発　行　所　㈱北大路書房

〒603-8303 京都市北区紫野十二坊町12-8
電　話　(075) 431-0361(代)
FAX　(075) 431-9393
振　替　01050-4-2083

ⓒ2016　　　　　　　印刷・製本／亜細亜印刷(株)
検印省略　落丁・乱丁はお取り替えいたします。

ISBN978-4-7628-2917-8 Printed in Japan

・JCOPY 〈㈳出版者著作権管理機構 委託出版物〉
本書の無断複写は著作権法上での例外を除き禁じられています。複写される場合は，そのつど事前に，㈳出版者著作権管理機構（電話 03-3513-6969, FAX 03-3513-6979, e-mail: info@jcopy.or.jp）の許諾を得てください。